지금 바로 하는 습관

미루지 않고, 포기하지 않고, 오늘부터

RIGHT

NOW

지금 바로 하는 습관

미즈에 다쿠야 지음 · 김소영 옮김

프롬북스
frombooks

아무리 간절한 소망일지라도

습관의 힘을 이길 수는 없다.

단언합니다.

습관으로 인생을 바꿀 수 있습니다.

살을 빼고 싶다는 생각만 있고
살을 빼고자 하는 습관이 없으면
살은 빠지지 않습니다.

식사량 조절

식사시간 관리

규칙적인 운동

살을 빼고 싶다는 마음이 아무리 간절하더라도

실행에 옮기지 않으면

살은 빠지지 않습니다.

인생도 마찬가지입니다.

간절한 소망만으로는 아무것도 바뀌지 않습니다.

습관이야말로 인생을 바꿉니다.

뜬금없지만 결론부터 내겠습니다.

습관을 들이지 못하는 사람은 없습니다.

설령 지금 당신이 습관화의 중요성을 알면서도 '습관을 잘 못 들이겠어'라며 고민에 빠져 있다 해도 안심하세요, 괜찮습니다.

누구라도 습관을 들일 수 있습니다.

아니, 정확히 말하면 이미 들인 상태입니다.

다음 문제에 하나라도 해당이 되는 사람이라면 이 책을 추천합니다.

· 항상 '올해는 꼭 해야지', '오늘은 꼭 해야지' 하다가 '꼭꼭 사기 단'이 되어버렸다.
· '무슨 일이든 계속하는 사람은 자기 관리가 철저한 사람'이라 고 생각한다.
· '습관을 들이려면 재능이나 특별한 힘이 필요하다'고 생각한 다.

· '나는 뭘 해도 꾸준히 못 한다'고 생각한다.

· 무슨 일을 해도 흐지부지해져서 꾸준히 못 하는 내가 싫어지 거나 기운이 빠질 때가 있다.

· '이렇게 하면 잘된다'라는 정보에 한껏 놀아났다.

· 다이어트나 자격증 시험 공부에 도전했다가 포기한 적이 있 다.

지금까지 새로운 습관을 들이려고 도전했다가,
몇 번이나 좌절을 맛본 모든 분에게 이 책을 선사합니다.

바로바로 하는 습관을 들이는 34가지 액션 플랜

1. '작심삼일'만 하는 나를 칭찬해라.

2. 일단 손만 대도 OK.

3. '꼭 해야 해'라며 자신을 몰아붙이지 말라.

4. 주변에서 '바로바로 하는 사람'을 찾아라.

5. '그 일을 했을 때 되고 싶은 나'의 모습을 구체적으로 그려라.

6. 준비된 '30퍼센트'로 눈을 돌려라.

7. 첫걸음은 허들을 낮춰서, 일단 첫 움직임을 일으켜라.

8. 포상을 정해서 힘든 일을 좋아하는 일로 바꿔라.

9. '오늘 달성할 수 있는 것'까지 행동을 세분화해라.

10. 지금 가장 마음이 안정되는 말을 해라.

11. 목적은 명확하게, 성공을 위한 정보를 얻어라.

12. 곧이곧대로, 바로 행동해라.

13. 최고의 한 줄을 만났다면 당장 책을 덮고 실행에 옮겨라.

14. 필요 없는 스마트폰 알림은 남김없이 지워라.

15. 푹 빠져서 할 수 있는 일을 써 내려가보라.

16. 아침에 일어나면 바로 창문을 열고 심호흡을 해라.

17. 하루에 딱 하나만 치워라.

18. 일주일에 한 번은 일부러 아무것도 하지 않는 날을 만들어라.

19. 하루에 한 번, 누군가에게 감사를 전해라.

20. 할 일이 생각난 순간, 3분 이내에 메모로 남겨라.

21. 바쁜 사람일수록 제일 먼저 말을 걸어라.

22. 내일 할 일의 10퍼센트만 해두고 오늘을 마무리해라.

23. 이미 습관화된 일과 세트를 만들어라.

24. 근거 없는 '좋아요'를 받아라.

25. 집중을 방해하는 물건은 다른 방에서 쉬게 해라.

26. 방에 좋아하는 물건을 하나나 두 개만 둬라.

27. 중요한 일일수록 뒤로 미뤄라.

28. 자신이 무엇을 소중히 여기는지 알아라.

29. 무언가를 얻었다면 반드시 습관화를 목표로 해라.

30. 실패를 두려워하지 말고 경험을 늘려라.

31. 할 일과 안 할 일을 완전히 나눠라.

32. 불안이나 공포는 성장의 신호임을 알아라.

33. 당신이 아끼는 사람들을 떠올려라.

34. 지금 무슨 일이든 할 수 있다는 것에 감사해라.

'바로바로 하는 습관'을 만드는 방법

'마음먹은 일을 좀 더 꾸준히 할 수 있으면 인생이 더 나아질 텐데…….'

그렇게 생각한 적, 있지요?

사실 그런 고민을 당신만 하고 있는 건 아닙니다.

많은 분들이 습관으로 만들지 못하거나 바로 행동으로 옮기지 못해 고민에 빠져 있습니다.

뜬금없지만 '습관화'할 때 무엇이 필요한지 결론부터 알려드리지요.

그것은 바로 '가벼운 마음'입니다.

이 책에서 알려드리는 내용을 자신의 것으로 만든다면, 당신은 분명 '바로바로 하는 나'로 다시 태어날 수 있습니다.

사실 많은 분들이 습관화에 대해 착각을 하고 있습니다.
습관화라고 하면 '나를 엄하게 다스리는 것', '행동을 규제하는 것'이라고 생각하기 쉽지요.
그러나 실제로는 아닙니다.
정답은 '나에게 너그럽게 대하는 것'입니다.

자신을 엄격히 다스려 실천을 할 수 있게 된다면야 더할 나위 없겠지요. 하지만 상상해보세요. 그렇게 했을 때 마음은 웃고 있을까요?

마음이 웃지 않은 채로 무리해서 습관을 들이게 되면, 언젠가 곪았던 피로가 겉으로 드러나 결과적으로 꾸준히 하지 못하게 되지요.
무리해서 근성만 가지고 습관화하려고 해도 오래가지 못합니다.

마음은 솔직합니다. 있는 그대로 반응하지요.

말인즉슨, 마음이 설레고 즐겁다는 생각이 들면 꼭 해야겠다고 하지 않아도 알아서 하며 자연스레 오래 지속됩니다.

하지만 마음이 초조하고 고통스러운 기억이 있는데 억지로 하려고 하면 그 첫걸음을 내딛는 것조차 에너지가 들어갑니다. 그 결과, 생각처럼 움직이지 못하고 움직인다 해도 점점 피폐해져 꾸준히 하지 못하게 됩니다.

그러니 중요한 것은 '자기 마음에 솔직해지자'입니다.

당신의 마음은 지금 웃고 있나요?

거짓을 버리고 지금 자신에게 맞는 방법을 찾아야 합니다.

습관을 만드는 가장 간단한 34가지 방법

자신에게 엄격해질수록 부정적인 마음이 심해져 오래가지 못합니다.

너그러운 마음으로 내면의 목소리에 똑똑히 귀를 기울이며 행동하면, 알아서 꾸준히 하게 되고 습관으로 자리 잡게 됩니다.

사람은 조금이라도 편하게 살아가고 싶어 하는 생물입니다.
편하다는 것은 자신을 오냐오냐한다는 것이 아니라, 편한 마음
으로 즐기고 있다는 이야기입니다. 그러니까 꾸미지 않은 모습으
로 힘을 빼고 즐긴다는 것이지요.
이렇게 해야 더 오래 지속될 수 있다고 보증합니다.

조금이라도 자연스러운 모습으로 즐겁게 습관화할 수 있는 방
법을 찾아봅시다.

이 책에서는 습관화가 되지 않아 고민하는 분들, 바로바로 행동
으로 옮기지 못해 괴로운 분들, 자신감이 없어진 분들에게 다른
어느 책들보다도 더 가까이 다가가 당신이 희망찬 한 걸음을 내
디딜 계기가 될 만한 34가지 방법을 소개했습니다.

다 읽었을 즈음에는 조금이라도 마음이 편해지고 몸이 가벼워
져서 '좋아, 해볼까?'라는 생각이 들도록 구성했습니다.
몸과 마음은 연동되어 있습니다.

지금까지 머리로는 알고 있어도 몸이 움직이지 않았던 이유는 사실 머리가 아닌 마음이 거부 반응을 일으켰기 때문입니다.

몸을 움직이게 하려면 마음을 움직여야 합니다.
그러니까 마음에 편안함을 줄 것.
그것이 몸이 가볍게 느껴지고 바로 움직이기 위한 포인트입니다.

사실 저 자신도 지금 이 원고를 쓰면서 마음이 아주 편합니다.
글을 쓰는 동안 마음이 편해져서 '정말 기분이 좋아지고 있는가?'를 기준으로 집필하고 있기 때문이지요. 그러니 '당신의 마음이 가벼워진다'라는 사실에 계속 초점을 맞추고 있다는 것을 약속합니다.

'바로 하는 비결'은 '바로 하고 싶어지는 상태'를 만드는 것

또 중요한 것이 '바로바로 행동하기'입니다.

저는 '바로바로 실천하기', '행동하기'를 주제로 꾸준히 강연해
왔는데, 사람들에게 가르치는 입장이면서 저 자신도 엉덩이가
무거워 항상 뒷전으로 미루다가 결국 할 일이 늘어나서 고생한
적이 자주 있었습니다.

그런데 어느 날 문득 그런 생각이 들었어요.

'응? 어릴 때 푹 빠져 있던 게임은 당장 하고 싶어서 좀이 쑤셨
는데.'
'친구랑 공원에서 농구 하기만 학수고대하며 빨리 수업이 끝나
기만 바랐는데.'

그때 알았습니다.
바로 행동한다는 것은 바로 하고 싶어진다는 것.
바로 실천하고 싶어지게끔 나를 끌고가면 된다는 것을 말이에
요.

얼마나 가슴이 뛰고 즐겁게 습관을 들일 수 있는가가 인생의 포
인트라는 사실을 깨달은 후로는 제 사전에서 '뒷전', '미루기'라는
단어가 사라졌습니다.

이 책에는 바로 하고 싶어지게끔 설렘을 느끼게 해주는, '꼭꼭 숨겨놨던 비밀'을 가득 풀었습니다. 그 비법에는 강한 의지도 의욕도 집중력도 필요 없습니다.

이제 저와 함께 운명의 문을 한번 열어볼까요?

이 책을 손에 들었다는 것은 당신에게 이미 '바로바로 하는 습관'을 쟁취할 힘이 있다는 뜻입니다. 당신의 마음이 이 책에 반응한 것이니까요.

이 책은 앞으로 당신의 인생을 훨씬 수월해지도록 극적으로 변화를 주고, 첫걸음을 내디딜 문의 손잡이가 되어줄 것입니다.

그 앞에는 새로운 세계가 기다립니다.

그것도 본 적 없는 근사한 세계가 말이지요.

준비되셨나요?

함께 문을 열어볼까요?

차 례

×

●

×

1장 그래요, 저 완전 게을러요!

2장 | 바로바로 실천하는 마인드로 바꾸는 법

그래요,
저 완전 게을러요!

01

×

•

×

작심삼일?
아니, 사흘 한 게
어딘가요

×

•

×

새로운 일을 시작하겠다고 결심했을 때, 백이면 백 우리 앞에 찾아오는 것이 있다. 그렇다. 바로 '작심삼일'이다. 처음 사흘 동안은 열심히 하지만, 나흘째부터 뚝 끊겨버린다. 싫증이 나서 오래가지 못하는 것이다.

새해가 밝아 '올해는 꼭 운동할 거야!'라며 결심하고 1월 1일부터 야심 차게 조깅을 시작했지만, 사흘째부터는 일어나기도 귀찮고 춥다는 이유로 달리지 않게 된다. 흔히 있는 일이다.

'동기부여'에 의존하는 것이 이렇게 무섭다.

처음에는 많은 사람이 충동적으로 행동을 일으키지만, 동기부여가 점점 떨어지면서 단숨에 뚝 끊기게 된다. 확실히 첫 움직임은 중요하지만, 기세만으로 무리해서 스타트를 끊으면 물론 그 반동도 있다는 말이다. 이것이 습관화를 막는 벽이며 지속하지 못하는 이유이기도 하다. 그러니 동기부여에 의존하지 말고, 저절로 할 수 있게 되면 된다.

하지만 그렇게 호락호락하지는 않다. 무슨 일이든 다 그렇지만, 무의식중에 행동할 수 있게 되기까지는 시간이 걸린다.

생각해보자. 처음 자전거를 배울 때, 올라타자마자 씽씽 달렸는가. 아마 그러지 못했을 것이다. 몇 번이고 넘어지고 일어서고, 그렇게 열심히 반복하다가 드디어 탈 수 있는 줄 알았더니 아직 뚝딱거린다. 아무런 생각도 하지 않고 자연스럽게 탈 수 있게 되려면 시간이 걸린다.

그것과 똑같다.

처음부터 잘할 수 있으리라는 생각을 버려야 한다.

자부심을 갖고 무기로 바꾸자

그럼 어떻게 할까? 이렇게 생각해보자.

'사흘이나 한 게 어디야!'

'사흘밖에 못 했다'가 아니라, '사흘이나 했다'라며 뿌듯하게 생각하는 것이다. 그리고 '사흘이라도 실천했던 게 인생에 몇 번 있었더라?' 하고 떠올려보자.

많은 사람이 이 부분에서 자신감을 잃고 자신을 낮게 보는 포인트라고 생각하는데, 이 책에서는 아니다. 오히려 그걸 자랑으로 생각하고 무기로 삼자. 왜냐하면 그 역시 훌륭한 습관이고 '바로바로 하는 힘'을 낼 수 있는 원동력이기 때문이다.

하는 김에 작심삼일을 100번 해보자. 그러면 '새로운 행동을 100번이나 한 사람'이 될 수 있다. 작심삼일도 대단한 것이다.

액션 플랜 1

'작심삼일'만 하는 나를 칭찬하자!

02

×
●
×

실천을
하지 못한다 해도
당신은 100점

×
●
×

새로운 일에 도전할 때 완벽하게 해내야 한다는 생각에 사로잡히는 경향이 있는데, 그게 바로 길게 이어지지 못하는 이유 중 하나다.

'할 수 있다'와 '할 수 없다'를 따지는 게 아니라, '바로 실천하는 것'이 가장 중요하다.

근본적으로 목적이 다르다.

할 수 있어야 하는 게 아니라 바로 실천해야 하는 것이다.

'그 바로 실천하는 게 안 되는 걸 어떡해'라는 사람도 많겠지만, 그렇게 어렵게 생각할 것 없다.

바로 실천한다는 것은 '손을 대는 것'이다.

일단 손을 대보기만 해도 된다.

마음을 조금 더 편하게 먹자. 처음부터 몰아붙이려고 하지 말자.

하기 전에 이미 기분이 가라앉아 첫발이 잘 떨어지지 않는 것이 습관을 바로 들일 수 없는 원인이다. 그렇다면 이 원인을 해결할 필요가 있다.

왜 기분이 가라앉을까?

왜 의욕이 생기지 않을까?

그것은 처음부터 '완벽하게 해내자', '잘 해야 해'라고 생각하기 때문이다.

처음부터 완벽하거나 잘되는 일은 없다.

태어난 순간부터 우뚝 서서 걸어 다니는 사람은 없다.

운동을 한다고 해서 바로 프로가 되는 것도 아니다.

처음부터 완벽하게 하겠다는 것은, 이제 막 야구를 시작한 초보자가 대회에 출장하겠다는 것이나 마찬가지다. 상식적으로 터무니없는 이야기다.

처음에는 기초 연습과 함께 체력을 먼저 만들고, 그 후에 공을 던지거나 방망이를 휘두를 수 있다.

그런 다음에야 '좋은 볼을 던지자', '배트로 때려보자'라는 단계에 이른다.

여기까지 왔을 때, 이제는 '상대방이 못 치게 던지자', '더 멀리 공을 던져 보자'라는 수준으로 성장한다.

모든 일에는 순서가 있고 연습이 필요하다.

그걸 알면서도 생활 속에서는 '지금 당장 완벽하게 해야 해'라는 생각을 버리지 못하게 되는 것이다.

중요한 것은 '완벽하게 해낼 생각 말고 손만 대보기.'

일단 손을 대고 뭐라도 하고 있으면 언젠가는 해낼 수 있게 되는 것이다.

그러려면 시간이 꽤 걸리겠지만, 손만 대보기까지는 시간이 걸리지 않는다.

당장이라도, 그 누구라도 할 수 있는 일이다.

오히려 아무것도 못 하는 사람이라 더더욱 할 수 있는 일인 것이다.

완벽을 추구하지 말자

할 수 있든 할 수 없든 상관없다. 처음에는 못해도 100점이다.

갑자기 큰일을 해내려는 마음이 중요한 것이 아니라, 첫 계기를 만드는 것이 중요하다. 무슨 일이든 해보지 않으면 모르는 것투성이다.

낚시를 좋아하려면 먼저 낚싯대를 들고 바다나 강에 가 휘둘러 보는 것부터 시작이다.

물고기를 낚는 것이 아니다. 갑자기 물고기 잡기를 목적으로 하면, 물고기를 낚지 못했을 때 김이 새서 포기하기 때문에 꾸준히 이어가지 못한다.

습관도 마찬가지다. 순서를 잘못 짚어서 '완벽'을 처음부터 추구하면, 해내지 못했을 때의 반동으로 의욕을 상실하기 때문에 계속하자는 마음이 들지 않는다. 하지만 손만 대는 것쯤은 누구든지 할 수 있다.

누구든지 할 수 있는 것부터 시작하는 것이 포인트다.

습관화할 때는 흥미가 중요하다. 무관심 상태에서 시작하면 누가 계속하고 싶어 하겠는가.

흥미를 느끼려면 역시 '손을 대보는 것'이 중요하다.

전에 우연히 갔던 장소나 음식이 TV에 나왔다면 그곳이 좋았든 좋지 않았든, 또는 맛이 있었든 없었든 상관없이 '아, 저기 내가 갔던 데네', '아, 그거 먹었지'라며 반응을 하게 된다.

이처럼 사람은 살짝만 접촉했어도 곧바로 반응한다.

그런 접촉이 흥미가 되고 의욕을 높여준다.

거기서 출발해서 '더 알고 싶다', '더 하고 싶다'라는 마음이 생기면 학습을 하고 따라가며 깊게 파고들게 된다. 여기까지 왔을 때 자연스레 습관으로 자리 잡게 되는 것이다.

순서를 틀리지 말자. 일단 손을 대볼 것. 먼저 체험해서 '흥미'를 가지고, 거기서 의욕이 생기면 습관은 자연스레 이루어진다.

액션 플랜 2

일단 손만 대도 OK!

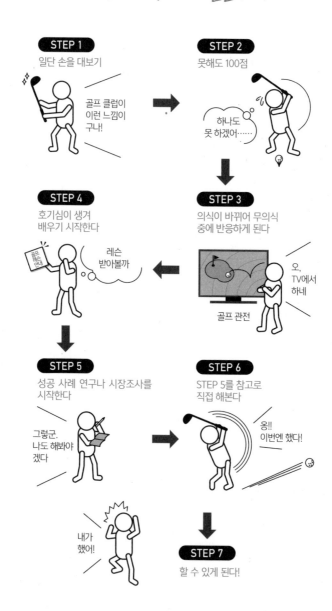

MEMO ✕ ● ✕ ——————————————————

03

×
·
×

허용 범위를 넓혀서
'나만의 룰'을
더 느슨하게

×
·
×

'습관화'라고 하면 자신을 엄하게 다스린다는 이미지가 있다. 하지만 그게 오히려 꾸준히 못하는 이유로 작용하기도 한다.

끝까지 해내는 것은 중요하며 그것이 최고의 멘탈 트레이닝이 되는 것도 맞지만, 한편으로는 너무 엄격하게 한 나머지 한 번이라도 끊기면 '글렀다'라며 포기한다. 여기서 뜨끔한 사람들도 많을 것이다.

꾸준히 하는 것은 물론 중요하다. 나름의 의미가 있다. 하지만 딱 한 번 못했다고 해서 다 글렀다며 끝을 내기엔 아깝다.

그러니 습관화를 할 때 조금 더 느슨하게 룰을 정하자.

나도 여러 습관을 갖고 있지만, 컨디션이 좋지 않을 때나 술자리가 늦게 끝나 취했을 때, 여행을 가서 즐겁게 놀 때는 실행하지 못하고 끝날 때가 있다. 그럴 때는 '날짜가 바뀌어도 잠자기 전까지만 하면 통과'라는 새 룰을 정하거나, '다음 날 오전까지 하면 통과'라는 식으로 룰에 여유를 주면, 비록 그날 안에 하지 못했다 해도 포기하지 않고 계속 이어나갈 수 있다.

오냐오냐 다 봐주라는 것이 아니라, 느슨하게

원래부터 아무 생각도 없이 그냥 매일 하는 것이 아니라, 꾸준히 함으로써 그것을 체득하거나 성장하는 것에 목적이 있다.

그러니 '목적'과 '수단'을 바꿔 생각하지 말도록 하자.

'매일 실천하는 것'만을 목적으로 삼으면 주객전도다.

나는 지금 '에너지 끌어올리기'를 테마로 한 음성을 쉬지 않고 2,000번이나 매일매일 올리고 있다. 기간으로 따지면 약 5년 5개월에 이른다.

이렇게 오래도록 꾸준히 할 수 있는 배경에는 '매일 올린다'라는 규칙의 허용 범위를 넓혀서 나에게 조금은 느슨하게 설정했기 때문이다.

결코 전부 다 봐주라는 것이 아니다. 조금 더 느슨해지라는 것이다.

너무 몰아붙여서 '반드시 꼭 해야 해'라는 마음을 갖게 되면 부담이 되고, 그 결과 포기한 채 끝나는 결말이 된다. 그보다 어떻게 됐든지 '꾸준히 했을 때 얻는 성장'이 더 중요하기 때문에 규칙을 조금 느슨하게 정하더라도 실행을 하는 편이 좋다는 뜻이다.

그 덕분에 계속해서 음성을 올릴 수 있었고, 프레젠테이션 능력이나 아웃풋 능력이 늘어 성장을 느끼고 있다.

자신만의 법칙을 조금 더 느슨하게 설정해서 꾸준히 하는 것을 우선시하자.

액션 플랜 3

'꼭 해야 해'라며 자신을 몰아붙이지 말라.

04

×
•
×

'노력'을 계속 못 하겠다면, 차라리 '노력 안 하기'를 해보자

×
•
×

'실천으로 옮기기가 잘 안 되네'라는 생각이 든다면, 스스로 실천하기 전에 '바로바로 하는 습관'이 몸에 배어 있는 사람이 주변에 있는지 확인하는 것부터 시작해보자.

차라리 그 일 외에는 아무것도 하지 않겠다고 선언해버려도 좋다.

그리고 그 사람 근처에 가면 '나도 할 수 있을 것 같아!'라는 생각을 할 수 있는데, 그런 기대도 전부 다 버리자.

기대를 하면 힘이 들어가니까 그것만으로도 부담이 될 때가 있다.

중요한 것은 모든 힘을 빼고 평온한 상태를 만드는 것이다.

무리하지 않는 상태를 만들고 노력하지 않는 것이다.

노력을 못 하겠다면 아예 노력하지 않아 보는 것이다.

노력을 계속 못 하겠다면, 노력하지 않기를 해보기.

이 정도는 할 수 있지 않을까?

먼저 무엇을 실천하기보다는 무언가를 꾸준히 하고 있다는 감각을 먼저 느껴보는 것이다. '아, 이건 계속하고 있네'라는 게 있다면 그 감각을 소중히 여기는 것이다.

'노력이 필요한 건 꾸준히 못 하겠어', '노력하지 않아도 되는 건 꾸준히 할 수 있어'라는 생각이 아니라, '꾸준히 했다!'라는 생각이 들었다는 것에 초점을 맞춘다는 것이 포인트다.

'꾸준히 하는 나'를 확실히 알고 받아들일 수 있으면, 그런 자신을 믿을 수 있다.

그러면 '나는 끈기가 없는 사람'이 아니라 '나는 꾸준히 한 사람'이라는 생각을 할 수 있게 된다.

그리고 이미 '바로바로 하는 습관'이 몸에 배어 있는 사람 가까이에 있기. 이것이 바로 노력하지 않아도 꾸준히 하는 방법 중에 알기 쉬운 방법이다.

당신의 기준은 능력이 아닌 환경이 정한다

만약 당신이 특별히 어떤 일을 열심히 노력하지 않더라도, '바로바로 하는 사람' 가까이에 있으면 그 사람의 감각이 옮아서 기준이 바뀌게 되는 경우가 있다.

기준은 능력이 아니라 환경으로 정해진다.

어떤 환경에 있었는지에 따라 기준도 알아서 바뀌는 것이다.

2개 국어를 할 줄 아는 가정에서 태어났으면 자연스레 2개 국어를 말할 수 있게 된다. 이것은 본인의 능력이나 노력과 크게 상관이 없다. 태어나자마자 2개 국어를 말하는 환경에 있었다는 이유가 크다.

부모가 의사인 가정에서 자라면 자연스레 의사가 되기 쉽고, 경영자의 자식이라면 경영자의 길을 택하기 쉬운 것과 마찬가지다. 다른 사람들에 비해 큰 무리 없이 그 길을 실현할 수 있게 되는 것은 분명하다.

따라서 '누가 곁에 있는가?'에 따라 기준이 정해진다.

거기에 특별한 능력이나 노력은 필요 없다.

같은 서비스업을 하더라도 우연히 편의점에서 일하게 된 A씨와 고급 호텔에서 일하게 된 B씨 중에 누가 서비스업으로서 더

실력을 쌓을 수 있을까?

당연히 B씨다.

편의점이 나쁘다는 말은 아니다. 단지 요구되는 서비스 레벨이 다르면 성장의 정도도 다르다는 뜻이다.

둘 사이에 처음부터 능력 차이가 있었을까? 대답은 'NO'다.

우연히 그런 환경에 있었을 뿐이다.

환경이란 매우 중요하다. 환경에 따라 자신의 기준이 정해진다.

따라서 '바로바로 하는 사람' 곁에 있기만 해도 자연스레 자신의 기준이 올라가고, 어느새 당신도 '바로바로 하는 사람'이 되는 것이다.

특별한 것을 바라지 않더라도 같은 환경에 있는 것만으로 변화가 일어난다. 꼭 노력하지 않아도 된다. 옆에 있기만 해도 된다.

만약 가까이에 그런 사람이 없거나 쉽게 다가가지 못하는 상황이라면, 영상이나 책을 봐도 좋다.

직접 체험이 어렵다면 간접적으로 계속 가까이에 있는 것이다.

옆에 딱 붙어서 자신의 기준을 높여 가도록 하자.

액션 플랜 4

주변에서 '바로바로 하는 사람'을 찾아라.

05

×
·
×

그 후의
나를
사랑하기

×
·
×

'해야겠다고 마음먹었는데 잘 안 돼.'

누구나 그럴 수 있다.

왜 안 될까?

그 이유 중 하나로 '눈앞의 일'만 보기 때문이라는 것을 들 수 있다.

'꼭 해야 하는 일', '하지 않으면 안 되는 일' 등 눈앞에 닥친 일만 보고 있기 때문에 현실적으로 괴롭거나 힘든 일에만 초점을 맞추게 된다.

예를 들어 웨이트 트레이닝을 하겠다고 마음을 먹었는데 게을

리하게 된다. 팔굽혀펴기나 윗몸 일으키기가 얼마나 힘든지 생각하니 몸이 움직이지 않는다.

축구를 하겠다고 마음은 먹었는데 고된 연습과 오래달리기처럼 눈앞에 보이는 일이 하기 싫어 좌절한다.

물론 무언가를 얻기 위해서는 그에 걸맞은 대가를 지불해야 한다. 그것은 체력일 수도 있고 시간일 수도 있고 돈일 수도 있다.

하지만 전부 다 순간적인 것일 뿐, '그 후'를 어떻게 보느냐가 관건이다.

'포기한 나'를 볼 필요는 없다

지금 왜 그 일을 하고 싶은가.

누구에게나 이유는 반드시 있다.

웨이트 트레이닝을 하겠다고 마음먹은 이유는 무엇일까. 탄탄한 몸을 만들어 어떤 옷이든 예쁘게 소화하고 주변 사람들에게 칭찬을 받고 싶어서? 좋아하는 사람에게 프러포즈하고 싶어서?

축구를 하겠다고 마음먹은 이유는 무엇일까. 월드컵을 보다가 받은 감동을 남에게도 줄 수 있는 선수가 되고 싶어서?

'그 일을 실천한 후에는 어떻게 될까?', '왜 그 일을 하려는 걸까?'라는 식으로 이유를 생각하고, 그 일을 실천한 후의 모습이 보이면 마음이 흔들리는 일 없이 설레는 마음으로 하고자 하는 일을 꾸준히 할 수 있다.

중요한 것은 현재의 자신이 아닌 미래의 자신을 믿는 힘을 가질 것. 지금까지 못 했으면 어떤가. 미래의 나는 해냈다고 생각해보자.

현재의 '포기한 나', '자신감 없는 나', '한심한 나'를 볼 필요는 없다. 그 후에 '성공한 나'를 상상하고 사랑하는 것이다.

성공한 자신의 모습에 설레는 마음이 생긴다면, '하고 싶다'라는 마음이 더 강하게 작용한다.

당신은 자신의 어떤 모습을 사랑할 수 있겠는가.

할 수 있다 없다를 떠나서 최고로 설레는 자신의 모습을 그려보자.

액션 플랜 5

'그 일을 했을 때 되고 싶은 나'의 모습을 구체적으로 그려라.

2장

바로바로 실천하는 마인드로
바꾸는 법

06

×
●
×

미완성으로
출발하기

×
●
×

'완벽하지 않으면 시작할 수 없다'라는 생각은 깨끗이 버리자.

그런 생각이 깔려 있으면 평생 시작도 못 하고 시간만 흘러간다.

왜냐하면 절대로 처음부터 완벽하게 할 수는 없기 때문이다.

완벽이란 과정을 밟으며 가까워지는 것이다.

바로 실천하지 못하는 사람의 공통점 중에 '완벽주의'가 있다.

그 생각을 떨치지 못하는 한, 평생 스타트를 끊지 못한다.

누구나 처음에는 초보자이고 아마추어다. 중요한 것은 '완벽하게 하는 것'이 아니라 '많이 하는 것'이다.

많이 하기 위해서는 생각만 하고 있을 시간이 없다. 당장 실천해서 하나라도, 한 번이라도 더 많이 경험을 쌓아야 한다.

준비하는 것도 중요하지만, 바로 결과를 내려고 하지 말자.

30퍼센트 준비가 되었다면 출발

'30퍼센트 정도 완성됐으면 출발'이라고 생각해보자.

'아직 부족한 70퍼센트'에 시점을 두면, 미완성이라는 사실에 의식이 집중된다. 그러면 '이거 가지고는 할 자격도 없어', '해봤자 소용없어'라는 생각이 든다.

걷지 못하는 아기가 '똑바로 걸을 수 있을 때까지 안 걸을 거야'라고 마음먹는다면 어떻게 될까? 평생 걸음마도 떼지 못할 것이다.

처음에는 미완성인 상태라 걸으려고 하다가 넘어지거나 쓰라린 경험도 많이 하게 된다. 그래도 다시 일어서서 걸어간다. 또 넘어진다. 이렇게 몇 번이나 반복했을 때 드디어 걸을 수 있게 된다.

쓰라린 경험을 통해 얻은 것이 몸에 배어, 어느새 할 수 있게 되는 것이다. 이 경험을 거쳐 우리는 걸을 수 있게 된다.

처음부터 완벽을 추구하지 말자. 일단은 해보는 것. 승객이 다

탈 때까지 기다리지 말고 출발해도 괜찮다. 30퍼센트가 어느 정도인지 모르겠다면, '해보고 싶다'라는 감각만 있으면 된다. 구체적인 지식이나 방법이 없어도 문제는 없다. 그건 하면서 익숙해지는 것이다. '마음'만 있다면 그게 가장 훌륭한 준비이며 실천할 조건을 갖춘 것이다.

'완벽하지 않으면 못하겠어'라는 마음 때문에 도전하지 않는 것보다는, 다소 쓰라리더라도 도전해서 경험을 쌓아야 '할 수 있다'로 이어진다.

실패는 신경 쓰지 않아도 좋다는 뜻이다. 실패는 행동했기 때문에 일어나는 것이다. 좋은 도전이다.

실패를 두려워해서 행동하지 않으면 큰 기회를 잃게 된다. 찬스를 놓치게 되는 것이다. 그러니 지레 겁먹고 가만히 있는 것보다는, 깊이 생각하지 말고 준비가 덜 되었더라도 많은 경험을 쌓는 편이 더 좋은 결과를 얻을 수 있다.

액션 플랜 6

준비된 '30퍼센트'로 눈을 돌려라.

07

×
●
×

'딱'
첫걸음만
내딛는 용기

×
●
×

습관화할 때 중요한 것은 기분에 좌우되지 않는 것이다.

꾸준히 실천하는 것은 동기부여와 상관이 없다. '동기부여가 되면 할 수 있다', '동기부여가 안 되면 못한다'가 되어버리면 모든 습관은 동기부여의 여부에 달리게 된다.

기분에 휘둘려서 하는 일만큼 민폐는 없다.

왜냐하면 매일 같은 기분을 유지하기란 매우 어렵기 때문이다. 기분은 매일매일 일어나는 일이나 컨디션, 또는 날씨에 따라서도 달라진다. 사고는 끊임이 없다.

따라서 습관화의 포인트는 '잔뜩 힘을 주지 않아도 되는 것'이다.

'일단 한번 해보기', '5초 동안 해보기'부터 시작해보는 것이 포인트다.

기분이나 의욕에 맡기지 않고 능력도 상관없이, 조금이라도 마음이 가벼워져서 자연스레 습관화되어 행동으로 이어지는 방법을 쓰자.

자신에게 가장 너그러우면서도 가장 잘 맞는 방법을 찾는 것이 우리의 목표다.

바짝 힘을 주거나 무리를 하지 않으면 할 수 없는 일이 아니다. 바로바로, 간단하게 시작할 수 있어야 한다.

'올해는 책을 많이 읽어야지' 하고 다짐해서 책을 많이 샀는데, 전혀 읽을 마음이 들지 않는다. 그러면 '읽어야 하는데, 읽어야 하는데' 하고 쫓겨서 마음만 초조해진다.

그것은 '전부 다 읽어야 해'라는 생각이 깔려 있기 때문이다. 마음이 무거워져서 정신을 차려야겠다고 생각하기 때문에 앞으로 나아가질 못하는 것이다.

마음을 단단히 먹지 않으면 못 읽겠다며 놓지 말자. 일단 1페이지만이라도 읽어보는 것이다. 혹은 5초 동안 책을 펼치기라도 해보자. 이런 식으로 첫 관문을 확 낮추는 것이다.

책 한 권을 다 읽겠다는 생각은 버리고 우선 한 페이지만 읽어 보자.

공부든 운동이든 일이든 다 똑같다.

'해야 하는데'라며 자신을 몰아붙이는 것이 가장 좋지 않다.

10kg을 빼는 다이어트보다는 스쿼트 한 번 하기.

10분 명상하기보다는 10초 심호흡하기.

10줄 일기 쓰기보다는 한 줄 생각 적기.

첫 기준을 확 낮춰서 한 번이나 한 페이지, 10초부터 해보자. 신기하게도 한 번 하면 두 번, 세 번으로 이어지고 1페이지는 2페이지, 3페이지로 이어지며 10초는 1분으로 이어지게 된다.

첫걸음만 내디디면 그 후로는 편해진다

'첫 움직임을 일으키는 것'이 중요하다.

습관화할 때 넘어야 할 산은 꾸준히 이어 나가는 것이 아니라 첫걸음을 내딛는 것이다. 첫 움직임이 중요하다.

꾸준히 하기가 어렵다기보다는 첫걸음을 내딛지 못하는 것에 원인이 있다.

사실 꾸준히 실천하는 것 자체는 결코 어려운 일이 아니다. '플라이휠의 법칙'이라는 게 있다. 처음에 힘을 가할 때 에너지를 가장 많이 쓰지만, 그때 움직임만 잘 주면 간단히 앞으로 나갈 수 있다.

첫걸음을 떼는 에너지 내기가 가장 힘들며, 계속 움직이다 보면 적은 에너지로도 굴러간다.

눈사람도 똑같다. 처음에 작은 덩어리를 만들기는 힘들지만, 만들고 나시는 언덕에 굴리기만 하면 알아서 커지는 것처럼 많이 하면 할수록 편해지고 가벼워진다.

결론을 내겠다. 습관화할 때 편해지는 가장 간단한 방법. 그것은 '계속하는 것'이다.

계속하면 할수록 작은 힘과 마음만 있으면 이어지게 된다. 그러다 보면 특별히 마음을 먹지 않아도 자연스럽게 할 수 있게 된다.

나도 매일 정보를 발신하고 있다.

앞서 말했던 대로, 나는 매일 아침에 '에너지 끌어올리기'를 테마로 한 음성을 2,000번 이상 올렸고, 페이스북에는 7년 동안 매일 글을 올렸다.

'매일 빠짐없이 하다니 정말 대단하네요!'라는 말을 자주 듣지만, 전혀 어려운 일이 아니라 오히려 계속하는 게 더 편하다.

그러니까 여기서 할 수 있는 말은, 습관화를 하는 것은 결코 '능력'이 아니라는 것이다. 첫 움직임을 자기 편으로 만들어서 얼마나 에너지를 들이지 않도록 하느냐가 관건이다.

가벼운 발걸음으로 첫 움직임을 일으키는 것만 내 편으로 만들 수 있다면, 그 후로는 누구든 편해진다.

액션 플랜 7

허들을 낮춰서, 일단 첫 움직임을 일으켜라.

08

×

●

×

특별한 '나만의 포상'을 찾아서 엉덩이가 들썩거리는 상태 만들기

×

●

×

'기분에 좌우되지 않는 것'이 얼마나 중요한지는 앞서 설명했지만, 그래도 우리는 기분에 휩쓸리는 생물이다. 이건 어쩔 수가 없다. 그렇다면, 아예 이 기분을 내 편으로 만들어서 이용하자.

어차피 하는 거 괴로워하면서 마지못해서 하기보다는, 즐겁고 설레는 마음으로 한다면 습관화도 고통스럽지 않다.

어떻게 해야 할까? 그것은 바로 '습관화를 하고 싶은 것'과 '내가 좋아하는 것'을 합치면 된다.

마지못해서 해봤자 잘될 리가 없다. 당연히 게을러질 테고, 결과도 좋지 않을 것이다. 그러니 자신이 좋아하는 일을 하는 것이다. 그러면 신이 나서 고통 없이 습관화를 할 수 있다.

사람은 자신이 좋아하는 일은 누가 뭐라 하든 개의치 않고 한다.

게임에 푹 빠져 있는 아이에게 하지 말라고 혼을 내도 멈출 생각을 하지 않는 것과 똑같다. 그냥 계속하고 싶어지는 것이다.

자신이 좋아하는 일을 습관화할 수 있다면 가장 좋겠지만, 그리 호락호락하지는 않다. 역시 성장을 하려면 싫어하는 일에 도전해야 할 때도 있다. 그럴 때는 그 습관에 자신이 좋아하는 일을 추가하도록 하자.

매일 해야 할 일을 정하고, '그 일을 했다면 좋아하는 일을 해도 좋다'라는 식으로 '자신만의 룰'을 정하는 것이다.

그렇다. 단적으로 말하자면 '포상'을 주는 것이다.

포상을 잘 주는 사람은 행복도 잘 느낀다. 자신에게 줄 포상을 잘 만드는 사람은 지금 눈앞에 있는 일을 열심히 해서 성취감을 맛볼 줄 알게 된다.

'너무 열심히 하다 지쳐서 중도 포기했어!', '방전됐어!'라는 말도 쏙 들어간다. 자신에게 기쁨을 만들어주니까 정신적 피로도 쌓이지 않고 항상 활기차게 힘을 100퍼센트 낼 수 있게 되는 것이다.

'습관=기쁨'으로 관점을 바꿔보자

습관을 들이지 못하는 원인으로는 그 일을 하다가 중간에 방전이 되거나 고통스럽거나 괴로워지는 것을 들 수 있다.

따라서 '습관=억지로 하는 것'이라는 관점을 '습관=포상을 받을 수 있는 것'으로 바꿀 수 있다면, '습관=고통'이라는 감정에서 '습관=즐거움'이라는 감정으로 바뀌게 된다.

예를 들어 나의 딸은 세 살인데, 일주일에 두 번 영어학원에 다닌다.

처음에는 울고불고 난리를 치며 가려고 하지 않았다. 당연하다. 생판 모르는 언어의 세계에 집어넣고는 재미있게 즐기라니, 갑자기 그게 가능하겠는가.

그때부터 영어가 싫어져서 영어학원에 가는 날은 의기소침해 있었다. 딸은 '영어학원 가는 날은 우울한 날'이라고 인식을 하게 되어 계속 갈 수가 없었다.

그래서 딸이 좋아하는 것을 포상으로 주기로 했다. 열심히 영어학원에 가면 그 노력을 인정해서 좋아하는 사탕을 주기로 말이다.

그러자 어떻게 된 일인지 깜짝 놀랄 일이 일어났다.

딸이 사탕을 받고 싶은 마음에 싫어하던 영어학원에 가게 된 것이다.

그러니까 싫어하는 일은 노력하고 싶게 만드는 무언가가 없으면 그냥 괴롭고 힘든 일이 되지만, 싫더라도 노력한 끝에 즐거운 일이 기다리고 있으면 극복할 수 있다는 사실을 알게 된 것이다.

'영어학원 가는 날은 열심히 노력하면 좋아하는 사탕을 받을 수 있는 날'이 되었고, 그날부터 영어학원 가는 날에도 웃음이 늘어났다.

결과적으로 지금은 영어를 아주 좋아하게 되어 사탕이 없어도 즐겁게 다닌다. 완전히 습관화된 것이다.

인간은 싫어하는 일을 할 때는 소극적이지만, 좋아하는 일을 할 때는 적극적으로 된다는 사실을 알 수 있다.

습관화된 후에는 이제 아무것도 하지 않아도 알아서 척척 진행이 된다. 습관화가 될 때까지 계기나 흐름을 얼마나 잘 만드느냐가 중요하다.

결코 상을 준다며 살살 꾀라는 것이 아니다. 행동할 때 기대할 만한 것을 찾아두면 의식이 바뀌고 자세가 바뀌고 행동이 바뀐다.

포상을 거창하게 준비할 필요도 없거니와, 돈을 들일 필요도 없다.

'이걸 하면 이걸 해야지'라는 조건을 붙이면 된다.

맥주 마시기를 학수고대하고 있다면, 맥주를 그냥 마시는 게 아니라 습관화하고 싶은 일을 한 후에 마시기로 정한다.

어차피 맥주를 마실 생각이라면, 그 맥주를 포상으로 거는 것이다. 습관화하고 싶은 일을 해야 마실 수 있는 것으로 정해 놓으면, 그 맥주가 평소보다 더 맛있게 느껴지고 습관화도 할 수 있으니 일석이조 아니겠는가.

기대하던 영화도 그냥 보는 게 아니라 해야겠다고 마음먹은 일을 한 후에 보겠다고 정한다. SNS도 마찬가지다. '○○를 열심히 하면 유튜브를 볼 수 있어!' 이렇게 정하면 빨리 해서 당장 해치우고 싶어진다.

자신이 좋아하는 일을 습관화하고 싶은 일 뒤에 추가해서 '너무 힘들어'가 아니라 '너무 즐거워'로 바꾸는 것이다.

포상 하나로 관점이 달라진다.

액션 플랜 8

포상을 정해서 힘든 일을 좋아하는 일로 바꿔라.

적어보기

① 새로 습관화하고 싶은 일은 무엇입니까? 생각 나는 대로 전부 다 적어보세요.

② ①을 습관으로 들이기 위해 어떤 포상을 만들
  생각인가요?

09

×
•
×

오늘 반드시
이루어야 할 일
정하기

×
•
×

매일 하는 행동이 자꾸 끊긴다? 목표나 꿈이 이루어지지 않는
다? 그 이유 중에는 목표나 꿈이 터무니없이 크거나 막연하다는
것을 꼽을 수 있겠다.

마음속으로 '괜찮아, 할 수 있어'라는 말이 진심으로 우러나오
는 것이 중요하다.

그러려면 어디까지가 '괜찮아, 할 수 있어'의 영역인지, 자신의
행동을 자잘하게 세분화해야 한다.

스몰 스텝이나 베이비 스텝이라는 말이 있는데, 갑자기 큰일에
도전하지 말고 작은 일부터 조금씩 시작하라는 것이다.

약 42킬로미터의 마라톤 풀코스를 완주하겠다고 결심했는데, 첫 연습부터 갑자기 42킬로미터를 달리려고 하면 부담이 돼서 할 수 있을까? 이럴 때는 어느 정도를 해야 '괜찮아, 할 수 있어'라며 짐을 덜 수 있는지 자신에게 물어보자.

예를 들어 '21킬로미터의 하프 마라톤은 어떨까?'라고 질문을 던져본다.

'아니, 그것도 좀 과한데?'라는 생각이 든다면, 거기서 또 세분화하는 것이다.

'10킬로는?' → '그것도 안 되겠어.'

'5킬로, 3킬로……' → '그것도 아직 이른데.'

'하루에 5분씩 걷기부터 시작하면?' → '그건 할 수 있겠다.'

이런 식으로 '괜찮아, 할 수 있어'라는 말이 진심으로 우러나는 지점을 찾아간다.

하루에 5분씩 걷는 정도라면 꾸준히 할 수 있다. 거기서부터 하루 10분 러닝, 하루 30분 러닝으로 조금씩 늘리면서 마라톤 풀코스를 완주하는 경지에 이르게 하는 것이다. '괜찮아, 할 수 있어'라는 생각이 진심으로 들 때까지, 어렵고 힘든 일에 무리해서 도전하지 말고 오늘부터 당장 할 수 있는 쉬운 일을 정해보자. 그리고 그 작은 일들을 이뤄 나가는 버릇을 들이자.

꿈이나 목표가 이루어지는 4스텝

이런 일들은 꿈이나 목표를 이루는 방법으로도 이어진다.

① 꿈이나 목표를 먼 곳이 아닌 가까운 곳에 설정하기

② 꿈이나 목표를 바로 찾아낼 수 있는 습관을 들이기

③ 오늘 달성할 일을 정해서 실천하기

④ 꿈이나 목표를 이룰 수 있다는 사실을 몸으로 느끼기

꿈이나 목표가 아예 없다는 사람이 많은 이유는 꿈을 찾아내는 습관을 들이지 않았기 때문이다. 가까운 곳에 꿈의 씨앗이 많이 흩뿌려져 있다는 사실을 알자. 또한 꿈이나 목표를 이루지 못하는 사람이 많은 이유는 괜히 어렵겠다는 착각을 하기 때문이다. 꿈이나 목표는 바로 이룰 수 있다는 사실도 알자. 이런 일들을 실천하기 위해서도 '오늘 달성할 것'을 정하는 것이 좋다. 꿈이나 목표는 의외로 아주 가까이에 있고 당장이라도 이룰 수 있는 것이다.

액션 플랜 9

'오늘 달성할 수 있는 것'까지 행동을 세분화해라.

10

×

•

×

자신에게
안정을 주는 말
접하기

×

•

×

경영서나 자기계발서를 읽다 보면, '동기부여가 되는 말을 항상 접하자'라는 말이 참 많이 쓰여 있다.

그런 말에 영향을 받고, '좋아, 해야지!'라며 동기부여를 하기 위해 좋은 말이나 위인의 명언이나 힘을 북돋아주는 말들을 듣고 소리 내어 말하기를 의식적으로 하는 분들도 많을 것이다.

하지만 사실 이런 행동들이 역효과를 부를 때도 있어서, 오히려 해내지 못하는 자신의 모습을 보고 괴리감을 느껴 괴로워하거나 자신감을 잃을 수도 있다.

기분을 끌어 올리려다가 오히려 의욕이 뚝 떨어지다니, 그야말로 본말전도다.

왜 그런 일이 일어날까?

몇 가지 이유가 있는데, 그중 하나는 진심도 아니면서 영혼 없이 내뱉기만 하기 때문이다. 다시 말하자면 감정이 담겨 있지 않은 것이다. 말이라도 하는 게 낫다고들 하니 그냥 한번 말해보는 상태인 것이다. 그건 입력값을 그대로 출력하는 로봇이나 다름없다. 이렇게 되면 아무리 소리 내어 말한다 한들 마음은 계속 거부 반응을 일으킨다.

그렇기 때문에 아무리 되뇌어도 기분을 끌어올리지 못하고 오히려 의욕만 떨어진다.

인간은 단순히 말 그 자체를 듣는 것이 아니라, 말의 에너지를 듣는다. 어떤 말을 내뱉었는지가 중요한 것이 아니라, 어떤 감정으로 내뱉었는지가 중요한 것이다.

진심이 우러나서 하는 말은 에너지도 높고 감정도 묻어 있는 상태지만, 영혼 없이 내뱉는 말은 에너지가 떨어지고 감정도 가라앉는 상태다.

말은 자신을 치유하는 영양제

중요한 것은 현재 자신의 상태를 이해하는 것.

많은 사람이 처방전을 잘못 처리한다.

병에 걸려 몸이 좋지 않을 때와 피로가 살짝 쌓여 컨디션이 좋지 않을 때는 당연하지만 치료법이 다르다.

병으로 쓰러졌다면 면역을 확실히 높여주거나 병을 고치기 위한 약이 처방된다. 그리고 잠을 푹 자서 몸을 쉬게 한다.

피로가 쌓여 컨디션이 좋지 않을 때는 영양제를 먹거나 편히 쉬면서 몸을 회복시킨다. 한숨 돌리면서 좋아하는 일도 하고 욕조에 몸을 담그기도 하면서 말이다.

무슨 말을 하고 싶은가 하면, 침대에서 안정을 취해야 할 때 노래방에 가거나 놀러 나가 스트레스를 해소하는 방법은 의미가 없다는 뜻이다. 오히려 컨디션을 악화시킬 뿐이다.

따라서 자신이 어떤 상태인지 정확히 이해하는 것이 중요하다.

약을 먹는 게 나은지, 영양제를 먹는 게 나은지.

말도 마찬가지다.

컨디션이 살짝 좋지 않아 힘을 얻고 싶을 때는 좋은 말을 듣거나 되뇌는 것을 영양제로 삼아 기분을 끌어 올리는 것이 좋지만,

병에 걸렸을 때 무리해서 좋은 말을 듣거나 내뱉으면 전혀 받아들이지 못하고 그냥 기분만 나빠진다. 따라서 자신이 얼마나 피로한지를 이해하면서 그에 맞는 말을 골라야 한다.

좋은 말이라면 막무가내로 다 듣고 힘을 내려 하지 말자. 왠지 의욕이 생기지 않을 때는 억지로 끌어 올리려 하지 말고 마음에 안정을 줄 수 있는 말을 듣거나 소리 내어 말하는 것이 중요하다.

예컨대 '괜찮아', '어떻게 되겠지', '너무 열심히 안 해도 돼', '그냥 그대로 있으면 돼' 등등, 마음을 안정시키고 편안해지는 따뜻한 말들이다.

'내 인생은 내가 바꾼다', '하든지 말든지 둘 중 하나'처럼 동기부여가 되는 강하고 멋들어진 말들이 아니라, '좀 더 편하게 하자', '됐다, 그래' 등 안정감을 주는 말을 해보자.

안정이 되면 신기하게도 마음이 가다듬어져 자연스레 움직이자는 생각이 든다. 자신의 상황에 맞게 다른 말을 건네보자.

액션 플랜 10

지금 가장 마음이 안정되는 말을 해라.

마음에 안정을 주는 말들

괜찮아	살아 있기만 해도 이득
어떻게든 될 거야	농~담
너무 열심히 하지 마	그래서 재밌어
그냥 그대로 있어	어차피 언젠가 잘 될 거야
무리하지 마	살살 하자~ 봐주자~
서두르지 마	지금을 즐겨
센 척 안 해도 돼	편하게 해
못해도 돼	항상 고마워
그런 내 모습도 좋아	느림보 최고
됐다, 그래	좋은 경험이야
그럴 때도 있지	오늘도 많이 사랑하자
나는 나, 너는 너	다 술술 풀려라
운이 좋아, 운이 좋아	오늘은 오늘, 내일은 내일
전부 다 오케이	과거는 과거, 미래는 미래
전부 다 행복해	나는 진짜 최고
전부 다 사랑해	

11

×

•

×

**여유가 아닌
여백으로
바꾸기**

×

•

×

바로 실행에 옮기지 못하는 사람은 마음속 어딘가에 '못해도 뭐······'라는 생각이 있다. 성장하고 싶다거나 변화하고 싶다는 마음은 있더라도, 어차피 생사가 달린 일도 아니고 곤경에 빠질 일도 없으니 반드시 해야 한다는 마음이 부족한 면이 있다.

긴장감이나 위기감이 크지 않은 상태이기 때문에 바로 실행에 옮기거나 습관화를 해야겠다는 필요성을 느끼지 못한다. 다시 말하자면 여유가 있는 것이다.

여름방학 숙제나 회사 프레젠테이션 자료를 작성할 때도 그렇지만, 사람들은 스케줄에 여유가 있거나 기한이 정해져 있지 않은 일에 대해서는 긴장감이나 위기감을 느끼지 못하니까 당장 하려고 하지 않는다.

하지만 내일이 마감이라고 한다면 어떨까? 발등에 불이 떨어져 눈에 불을 켜고 달려들 것이다.

우리는 쫓기지 않으면 행동하지 않는 생물이라는 사실을 알아야 한다.

궁지에 몰렸을 때는 반드시 행동하게 된다고 바꿔 말할 수도 있다.

예를 들어 눈앞에 사자가 나타났다면 어떨까?

지금 서 있는 곳으로 폭탄이 떨어진다면 어떨까?

'도망가기 귀찮으니까 가만히 있을래'라는 생각은 절대 하지 않을 것이다. 앞다투어 도망치려고 할 것이다. 인간은 '정말 위험하다!' 싶은 순간에 움직인다. 그게 행동으로 이어지는 것이다.

하지만 매번 궁지에 몰려야만 뭔가를 할 수 있는 상황이 이어진다면 아예 처음부터 포기하고 싶은 기분이 든다.

그렇다. 사람이 너무 궁지에 몰려도 처음부터 의욕이 떨어지기 때문에 하기가 싫기도 하고 꾸준히 하려는 마음도 생기지 않는다.

이 '궁지로 모는 에너지'란 순간적인 기세는 좋지만 장기적으로는 이어지지 않는다.

따라서 여유가 아닌 여백이 중요하다는 것이다.

여백이란 무엇일까?

여기서 여백이란 긴장감이나 위기감을 가지지 않는다는 것이 아니라, '궁지에 몰리는 상태를 만들지 않는다'는 뜻이다.

감당하기 힘든 상태에는 주변을 신경 쓸 여력도 없어지고 정신적으로 스트레스가 쌓인다.

할 일은 정해야 한다. 그리고 어느 정도의 위기감이나 긴장감도 가진다.

하지만 마음은 어디까지나 가벼워야 한다.

이 감각이 중요하다.

중요한 것은 '여백'과 '정보'

조금 더 자세히 설명하겠다.

위기감이나 긴장감이 있지만 마음은 가벼워야 한다는 것.

그 말인즉슨, 할 일을 반드시 하겠다고 마음먹지만 누가 시켜서 하는 것이 아니라 자발적으로 하도록 만든다는 뜻이다.

마음에서 우러나는 행동. 그렇기 때문에 기한을 정해서 확실히 하고 싶은 것이다.

그러면 마음의 비장함은 사라지고 적당한 긴장감과 위기감을 가질 수 있다.

'아앗, 해야 하는데!', '열심히 해야지!'라는 상황에도 결코 마음은 피폐하지 않고 설레는 마음으로 즐기는 상태가 될 수 있다.

여백을 가진다는 것은 '왜, 무엇 때문에 하는가'라는 목적을 분명하고 명확하게 하는 것이다.

그리고 정보를 가지는 것도 중요하다.

예컨대, 다이어트에 성공하려면 이렇게 두 가지가 중요하다.

첫 번째는 왜 살을 빼고 싶은지, 그 이유를 명확히 할 것.

두 번째는 '살찌는 음식'이라는 정보를 얻을 것.

살을 빼고 싶은 이유가 명확하면 운동이나 다이어트를 열심히 하게 된다.

그리고 정보를 갖고 있으면 먹지 말아야 할 음식을 알기 때문에 살찌는 음식은 피하게 된다.

이런 식으로 여유가 아닌 여백을 두고, 거기에 정보를 채워 나가도록 항상 의식하면, 좋은 긴장감 속에서 설레는 마음으로 이어 나갈 수 있게 된다.

여유는 갖지 않는 대신 마음의 여백을 만들어두자.

액션 플랜 11

목적은 명확하게, 성공을 위한 정보를 얻어라.

3장

바로바로 하는 습관,
시작합니다

12

×
•
×

이 책을 덮고
지금 당장
웃어보기

×
•
×

바로바로 실천할 때는 '곧이곧대로 해보기'가 중요하다.

바로바로 실천하지 못하는 사람들은 '이걸 꼭 해야 하나?', '의미가 있는 건가?', '하면 좋은 건가?' 등등 머릿속으로 생각을 너무 많이 하는 버릇이 있다. 속은 셈 치고 아무튼 해보는 버릇을 들이면, 행동이 바뀐다.

그러니 당장 해보자.

지금 이 책을 읽고 있는 당신. 일단 책을 덮고 웃어보자.

'다 읽고 나서'가 아니라 지금 당장 말이다.

자, 준비는 되었나? 뒤로 미루면 안 된다. 바로 지금이다.

지금 이 책을 전철 안에서 읽고 있는 분도, 어떤 수업을 받으면서 보고 있는 분도, 도서관에 있는 분도, 조용한 카페에 있는 분도 지금 당장 읽는 것을 멈추고 웃어보자.

스마일.

웃는 것을 실행한 당신, 아주 훌륭하다.

당신은 틀림없이 지금 당장 행동을 일으킬 수 있는 사람이다. 자신을 칭찬해주기 바란다.

그리고 '나는 행동을 했다'라는 자각을 하자.

이걸로 당신은 이제 '바로바로 실천하지 못하는 사람'이 아니라 '바로바로 실천할 수 있는 사람'이 됐다.

바로 실천할 때는 군말 없이 곧이곧대로 하는 것이 중요하다. 우선 그대로, 당장 해볼 수 있느냐 마느냐.

당장 행동을 일으킨 내가 사랑스러워진다

그리고 바로 행동을 한 후에는 말도 안 되게 '좋은 상태'가 될 수 있다는 사실을 알자.

방금 웃는 것을 실천한 당신은 알 것이다.

곧이곧대로 웃은 자신의 모습이 사랑스럽지 않은가? 아주 사랑스러워 미칠 것 같지 않은가? 자신이 사랑스러워 보인다면 이제 아무도 이길 자는 없다.

처음에는 '내가 왜 이런 바보 같은 짓을 하고 있지?'라고 생각했던 분도 있었을 것이다.

어떤 사람은 부끄러워했을 것이고, 어떤 사람은 웃음을 참지 못했을 것이다.

그래도 사양 말고 웃어보자. 아무것도 따지지 말고 받아들이는 것이다. 그러면 바로바로 행동하는 것이 점점 즐거워진다.

일단은 당장 행동하고 즐길 것. 즐겁다는 생각이 들면 '바로바로 행동하는 것'에 대한 저항이 사라진다.

액션 플랜 12

곧이곧대로, 바로 행동해라.

13

×
●
×

책은
한 줄만
읽기

×
●
×

책은 전체를 다 읽지 않을 것.

더 구체적으로 말하자면, 한 줄만 읽어야 하는 것.

놀랄 수도 있겠지만 이유가 있다.

책을 사놓고 읽지도 않고 어느새 수북이 쌓인 분들이 많을 것이다.

아니면 책을 읽고 귀한 정보까지 얻었지만 바로 실천하지 않고 흐지부지 넘어가는 사람도 있을 것이다.

읽지 않는 것도 아깝고, 읽고도 실행에 옮기지 않는 것도 정말 아까운 일이다.

왜 읽지 않을까? 아마 시간을 충분히 만들고 집중해서 읽으려는 생각이 강하기 때문에 첫 페이지를 펼치기가 어려운 것 아닐까?

왜 읽었는데도 실행에 옮기지 않을까? 아마 단숨에 끝까지 다 읽은 건 좋았지만 초반 내용을 잊어버려서 행동으로 이어지지 않은 것 아닐까?

그러니까 차라리 책을 한 줄만 읽기로 하는 것이다.

원래 책은 끝까지 다 읽으라고 배우겠지만, 이 책에서는 일부러 한 줄만 읽기로 한 것이다.

무조건 한 줄만 읽는다. 다음 줄은 읽으면 안 된다. 읽고 싶어도 읽지 않는다.

그러면 어떻게 될까?

빨리 다음 줄을 읽고 싶어진다.

'읽고 싶다'라는 마음이 강해지면 자연스레 책을 읽을 수 있게 된다.

인생을 바꾸는 한 줄을 만나다

하지만 한 줄만 읽으면 진도가 나가지 않는다.

그러니까 여기서 말하는 한 줄이란 무엇인가.

그것은 '최고의 한 줄 만나기'이다.

즉, 가슴이 뛰는 한 줄을 만난다는 뜻이다. 그 한 줄이 왔다 싶으면 책을 덮자.

그리고 바로 그 한 줄을 읽고 얻은 것을 실행에 옮기자. 당장 하는 것이다. 다음 줄로 가지 말고 바로 그 자리에서 실행한다.

그렇게 최고의 한 줄을 만나고 그것을 실행해서 자신의 것으로 만든다.

여기까지 끝나면 다음 운명의 한 줄을 만날 때까지 또 읽는다.

이 과정을 반복하면 얻은 정보를 바로 실행할 수 있고, 어느새 책을 끝까지 다 읽을 수도 있다.

액션 플랜 13

최고의 한 줄을 만났다면 당장 책을 덮고 실행에 옮겨라.

14

×

•

×

스마트폰 알림을
전부 다
삭제하기

×

•

×

'바로바로 실행하는 습관'을 들일 때는 일상의 스트레스를 줄이는 것이 중요하다.

무심코 방치해서 쌓이고 쌓이면 스트레스가 된다.

그중 하나가 스마트폰 알림이다.

애플리케이션 알림이나 연락 등 스마트폰을 하루만 가만히 놔둬도 상당히 많이 쌓이는 사람이 많을 것이다.

우선 이것들을 바로 삭제해보자.

읽지 않은 숫자가 쌓이면 쌓일수록 우리는 자꾸 신경이 쓰이기도 하고, 그런 초조함이 스트레스로 변한다. 인간의 뇌는 미완성인 것이 있으면 완성을 시키고 싶어서 안달이 나기 때문에 스트레스를 느끼는 것이다. 그러니까 더욱더 적극적으로 지워야 한다.

알림이 오면 바로 보는 버릇을 들이는 것이 비결이다.

그리고 필요 없으면 지운다.

이 단순 작업을 반복하기만 해도 초조함이나 스트레스는 줄어들고 기분도 말끔해진다.

삭제하는 작업 자체는 간단하니까 누구나 바로 실행할 수 있다.

지금 이 책을 옆으로 잠시 치우고 스마트폰을 보자. 그리고 신경 쓰이는 알림 마크를 전부 다 지우자.

'스마트폰 알림 삭제 루틴'을 만들자

알림이 왔을 때 바로 확인하고 삭제하는 방법을 가장 추천하지만, 바로바로 확인하지 못한다는 분들도 있을 것이다.

그럴 때는 매일 아침 정해진 시간을 알림 삭제에 할당하거나 하루를 마무리하는 시점에 그날 왔던 알림을 전부 다 확인하고 삭제하는 작업을 루틴으로 삼아보자.

아무 알림도 없는 깨끗한 스마트폰을 보면 참 후련하다.

쌓아두지 말기, 왔다면 바로 확인하고 삭제하기.

바로 확인할 수 없다면 삭제 시간을 정해서 루틴으로 만들기.

이 작업을 반복한다.

가까이 있는 것부터 바로바로 실행할 수 있는 일은 아주 많다. 신경 쓰이는 일들부터 하나씩 시작해보자.

또한 이것은 연락을 확인하는 작업이 되기도 한다. 하루가 끝나는 시점에 알림을 삭제하면 놓친 연락이 없는지 체크할 수도 있으니 일석이조다.

액션 플랜 14

필요 없는 스마트폰 알림은 남김없이 지워라.

15

×
•
×

좋아하는
해외 드라마 전편을
하루 만에 클리어하기

×
•
×

너무 좋아해서 어느새 시간을 잊고 몰두하는 일이 당신에게는 있는가?

그때의 감각을 떠올려보면 알겠지만, 인간은 모든 것을 잊고 푹 빠질 수 있는 일이 있으면 누가 시키지 않아도 알아서 한다.

예를 들어 해외 드라마에 빠져서 잠자는 시간도 잊고 계속 보는 사람도 많다. 다음 편이 궁금해 미칠 노릇이라 다음 날 해야 할 일이 있는데도 몰두한다.

잘 생각해보면 '바로바로 실행하기'의 최상급이라고 할 수 있다. 당장이라도 보고 싶어서 다른 일은 다 제쳐두고 그 일에 매달린다.

이렇게 '푹 빠질 수 있는 것'을 찾아낼 수 있다면 '바로바로 실행하는 사람'으로 다시 태어나기란 결코 어렵지 않다.

하지만 왜 그럴까? 많은 사람은 해내지 못한 일이나 의욕이 생기지 않는 일에만 초점을 맞춰서 '나는 실행에 옮기지 못하는 사람'이라고 단정해버린다.

누구나 마음속에 시키지 않아도 하고 싶어질 정도로 푹 빠질 수 있는 것을 갖고 있는데도, 그런 일들은 등한시하고 해내지 못하는 일에만 초점을 맞춘다. 정말 아깝지 않나.

그렇다면 차라리 의욕이 생기지 않는 일에서 눈을 떼고, 힘을 들이지 않고도 자연스레 푹 빠져서 몰두하는 일에 초점을 맞추자.

안간힘을 써서 해야 하는 일이 아니라 몰두할 수 있는 일을 원칙으로 한다.

이제 생각해보자. 당신이 지금까지 푹 빠져서 해왔던 일은 무엇인가.

그리고 왜 푹 빠졌던 것인가. 그 이유를 써 내려가보자.

해외 드라마에 푹 빠지듯이, 정신 차려보면 알아서 실행하고 다음으로 계속 넘어가는 체험을 해 보면 '바로바로 실행하기'가 당연해진다.

'몰두할 수 있는 일'을 미션으로 생각하기

정말 좋아하고 재미있는 일을 미션으로 생각해보자.

'좋아하는 해외 드라마 전편을 하루 만에 다 보기!'라는 미션이 있다면 어떨까?

스토리가 무척 길어서 하루 만에 다 보기란 결코 간단한 일이 아니다.

하루 만에 다 보는 게 오히려 엄청난 일이다.

그래도 그게 괴롭냐고 묻는다면 의외로 그렇지 않다고 대답할 것이다. 어쩌면 아주 짧게 느껴질지도 모른다.

먼저 '미치도록 좋아하는 일'을 해보자. 좋아하는 일이라면 당장이라도 실행하자는 마음이 들 테고, 계속하기도 수월하다. 좋아하는 일, 즐거운 일부터 시작하는 것이 가장 간단한 법이다.

액션 플랜 15

푹 빠져서 할 수 있는 일을 써 내려가보라.

16

×
·
×

**아침 일찍 일어나자마자
창문을 열고
멋진 세상에서 행복 쐬기**

×
·
×

여기까지 '특별한 일은 하지 않아도 된다', '완벽하지 않아도 된다'라고 꿋꿋이 이야기해왔는데, 이제부터는 지금 당장이라도 시작할 수 있으면서 고통스럽지 않은 일을 더 많이 찾는 천재가 되어보자.

아침의 습관을 추천한다.

아침의 상태가 하루를 만든다.

아침은 어제의 상태도 반영한다.

전날에 있었던 짜증 나는 일이 해결되지 않아 마음을 리셋하지 못한 채 잠이 들면, 그 기분이 남은 상태로 아침을 맞이하게 된다.

그 상태로 하루가 시작되면 당연히 무거운 마음 때문에 행동이 둔해지고 만사가 귀찮아져 뒤로 미루고 싶어진다.

그러니 아침에 일어나서 리셋을 하는 것이다.

그러려면 일어나자마자 바로 할 일을 정해두자.

아침 일찍 일어나자마자 방의 창문을 열고 심호흡을 하는 것이 포인트다.

신선한 공기를 방 안에 들이듯이 기분도 새로워져 마음이 개운해진다.

세로토닌을 듬뿍 분비하자

아침에 햇볕을 쬐는 것은 매우 효과적이다.

아침 햇볕을 쬐면 수면 호르몬인 멜라토닌 분비가 멈추고 뇌가 각성한다.

그 후에 체온을 올리거나 '행복 호르몬'이라 불리는 세로토닌이 분비된다. 세로토닌은 스트레스를 줄이고 뇌의 흥분을 진정시켜 마음에 안정을 주는 효과가 있다.

아침 햇볕을 쬐면 몸도 마음도 머리도 맑아져서 하루를 더 유익

하게 보낼 수 있다.

어제 느꼈던 찝찝한 마음을 여기서 딱 끊고 리셋할 수 있는 것이다.

아침에 일어나면 바로 창문을 열고 크게 심호흡을 하자. 비가 오는 날에는 커튼을 열기만 해도 좋다.

아무튼 하루의 시작인 아침에 '바로바로 하는 습관'을 만드는 것이 중요하다.

액션 플랜 16

아침에 일어나면 바로 창문을 열고 심호흡을 해라.

17

×
•
×

청소가
좋아지는
방법

×
•
×

마음의 상태는 주변 환경의 영향도 받는다.

평소에 지내는 공간이라면 더 그렇다.

그 공간이 깨끗한가 더러운가에 따라서 마음의 상태가 달라진다.

방이 깨끗하면 마음의 상태도 깨끗해지고, 더러우면 마음의 상태도 더러워진다.

마음의 상태가 깨끗할 때는 매사에 적극적이고 마음이 밝아지며 행복한 상태에 있다.

하지만 마음의 상태가 더러울 때는 매사에 소극적이고 마음도

어두워지며 불행한 상태가 된다.

어느 상태가 좋은지는 굳이 말하지 않아도 명백하다.

그렇다면 마음을 좋은 상태로 만들려면 어떻게 해야 할까?

그것은 환경을 바꾸는 것이다.

방을 기분 좋게, 깔끔하고 개운하게 만들자.

룰은 '하나만 청소하기'

이렇게 말하면 꼭 '그건 아는데, 귀찮아서 다 못 치우고 스트레스만 쌓이는데요'라는 사람들이 있다.

마음이 내킬 때만 청소를 하고, 또 놔두면 눈 깜짝할 새에 더러워진다.

그럴 때는 '딱 하나씩만 청소하기'를 해보자.

전체를 다 청소하려고 하지 말고, 딱 하나만 하는 것이다.

아니, 차라리 '딱 하나 말고는 절대 청소하지 말기'라는 룰을 정해버리자.

다시 말하지만 딱 하나 말고는 절대로 청소하면 안 된다.

앞에서 얘기했던 '책 한 줄만 읽기'와 비슷한 요령이다.

인간은 신기하게도 딱 하나만 해야 한다는 룰을 정하면 다른 것도 하고 싶어지는 생물이다.

하루에 딱 하나, 주변에 있는 것을 깨끗이 치우자.

그럼 바로 실행에 옮겨보자.

이제부터 이 책을 덮고 주변에 있는 물건들을 쭉 살펴본다.

딱 하나 찾아내서 그걸 치우자.

절대로 다른 물건엔 손을 대면 안 된다. 치우고 싶어도 꾹 참아야 한다.

그렇게 청소가 귀찮았는데, 하루에 딱 하나만 치우자고 정한 순간부터 빨리 청소하고 싶다는 마음이 든다. 하지만 그건 내일을 위해 남겨놓기로 하자.

액션 플랜 17

하루에 딱 하나만 치워라.

18

×
·
×

오늘만큼은
완벽한 게으름뱅이가
되자!

×
·
×

큰맘 먹고 지금까지 했던 일과 정반대의 일을 해보자.

아예 '아무것도 하지 않는 날'을 만들어보는 것이다.

무언가를 꼭 해야 한다는 것을 의무로 생각하지 않으려면 저절로 하고 싶다는 마음이 들게 하는 것이 포인트인데, 그럴 때는 무언가를 하지 않겠다고 결심하는 것도 비결이다.

한번 용기를 가지고 '하지 않는다'를 선택해보자.

그런데 그렇게 되면 불안감이 엄습한다. 이렇게 계속 아무것도 안 하고 있어도 정말 괜찮을까?

나는 계속하지 말라는 말이 아니라, 아무것도 하지 않는 날을 만들라고 얘기하고 싶다.

늘 해야 한다는 마음을 갖고 있으니까 지치는 것이다.

우리가 본업을 열심히 해야겠다고 생각할 수 있는 것은 휴일이 있기 때문이다.

어중간하게 하는 것이 가장 좋지 않다.

40퍼센트의 어중간한 힘으로 계속해봤자 40퍼센트 이상의 성과를 내는 일은 거의 없다.

그러니까 차라리 그것들을 전부 리셋시키고, 다시 제로 상태를 만든다.

그리고 다음에 100퍼센트의 힘을 발휘할 수 있도록 하는 것이다.

자신에게 허가를 내리자

집안일을 하기 싫을 때. 예를 들어 '매주 금요일만은 아무것도 안 할 거야!'라는 식으로 날을 정해버리는 것이다.

이 날은 휴일. 실컷 게으름을 피울 수 있는 날로 정한다. 빨래도 청소도 설거지도 쉰다. 식사도 준비하지 않는다. 대신 외식을 나가자.

이런 식으로 '게으름 피우는 날'을 자신에게 허락하는 것이다.

만약 아이가 매일 게임에 빠져 있어 숙제는 뒷전이라면, 일주일에 딱 하루 실컷 게임 해도 좋은 날을 만든다. 남자에게도 하고 싶은 일을 마음껏 하게 하거나 한잔하러 가도록 허락한다.

이렇게 맺고 끊음을 확실히 하면 '좋아, 하고 싶은 일 많이 했으니까 내일부터 열심히 하자'라며 전환이 가능해진다.

좋아하는 일을 하는 시간이 정해져 있으면, 이제는 빨리 하고 싶은 생각에 좀이 쑤시게 된다.

그리고 다음번 그날이 돌아오기를 학수고대하며 열심히 일에 매진할 수 있다.

게으름 피울 수 있는 날을 아예 만들어버리자.

그런 날을 특별히 만들기만 해도 힘을 더 낼 수 있는 의욕이 생긴다.

액션 플랜 18

일주일에 한 번은 일부러 아무것도 하지 않는 날을 만들어라.

19

×
•
×

감사야말로
최강의
습관이다

×
•
×

항상 좋은 상태를 유지하는 것도 바로바로 행동하는 사람이 되는 비결 중 하나다.

그리고 좋은 상태를 만드는 아주 좋은 방법이 있다.

그것은 감사하는 것이다.

짜증이 나거나 답답할 때는 마음이 흐트러진다.

물론 살면서 우리는 다양한 감정에 직면한다. 절대 짜증을 내거나 답답해하지 말라는 건 아니다.

마음이 흐트러지더라도 원래대로 돌리는 습관이 중요하다.

기타는 튜닝을 해서 소리를 원래대로 맞춘다.

사람도 기타처럼 어긋나 있을 때는 튜닝을 하면 된다.

그럴 때 가장 좋은 방법이 '감사를 하는 것'이다.

마음이 흐트러지면 사고도 행동도 전부 다 흐트러진다. 이때는 부정적인 마이너스 에너지가 나오기 쉬운 상태다.

하지만 마음이 평온하면 사고도 행동도 전부 다 평온해진다. 이 때는 긍정적인 플러스 에너지가 나오기 쉬운 상태다.

그렇다면 당연히 마음을 평온하게 유지하는 것이 좋다.

이제 마음을 평온하게 가라앉히기 위해 '고마워'라고 한번 내뱉어보자.

쑥스럽겠지만 지금 책을 덮고 말해보자.

자. 마음이 조금은 평온해지고 따스해지지 않았는가.

이렇게 마음이 따스하면 타인에게도 자신에게도 따뜻하게 대할 수 있다.

의욕으로 가득 찬 아드레날린(흥분)이 아니라, 마음을 안정시키고 차분한 상태에서 설렘을 느낄 수 있는 옥시토신(행복감)이 중요하다.

옥시토신은 '사랑의 호르몬'이라고도 불리는데, 타인에게 선물을 하거나 친절을 베풀면 점점 높아진다.

이 옥시토신을 높이려면 '감사하는 것'이 효과적이다. 상대방을 존중하고 아끼는 마음으로 행복감이 넘쳐흐를 것이다.

누구에게 감사를 전할까

감사의 마음을 전할 사람이 있을까?

먼저 아끼는 사람을 떠올려보자. 그리고 다음으로는 가까운 사람이다. 그 사람들에게 감사의 마음을 전해보자. 아끼는 사람이나 가까운 사람에게만 감사해야 의미가 있느냐고 묻는다면, 꼭 그렇지는 않다. 타인을 감사하는 마음으로 대하면 마음이 너그러워지며 깨끗하고 반짝반짝 빛이 난다.

그러니 하루에 한 번은 누군가에게 감사의 마음을 전해보자. 그 상대가 아끼는 사람이라면 금상첨화다. 물론 자기 자신에게 감사해도 좋다. 하루에 한 번쯤은 실천할 수 있지 않을까?

액션 플랜 19

하루에 한 번, 누군가에게 감사를 전해라.

20

×

•

×

3분 뚝딱
신의 레시피

×

•

×

'할 일이 생각났으면 길일, 가만히 있으면 흉일'이라는 말이 있다.

이 말을 처음 들었을 때, '오호라!' 하며 무릎을 쳤다.

길일이나 흉일은 사주팔자에나 나오는 것이라고 생각했는데, 실제로 우리가 어떤 행동을 취하느냐에 따라 바뀐다는 것을 이 말을 들었을 때 느꼈다.

그때까지 나는 '준비가 잘됐으면 하고, 조금 부족하다 싶으면 안 한다'는 인식을 했는데, 그것도 아니라는 사실을 깨달았다.

애초에 잘될지 안 될지는 '바로 실천할 수 있느냐'로 정해진다는 것을 말이다.

아니, 잘될지 안 될지가 문제가 아니라 했느냐 안 했느냐가 전부였다.

잘되면 더 잘되도록 하면 되고, 만약 잘되지 않았다 하더라도 '이렇게 하면 잘되지 않는구나'라는 깨달음이 있으니 고치면 된다.

생각이 났을 때가 최고의 타이밍이고, 그때 움직이지 못했다면 최악의 타이밍이라는 사실. 그러니까 결론은 '할 일이 생각났으면 움직여라.' 이게 정답이다.

'바로바로 움직이라는 말을 가슴에 새길 것.'

만약 신이 존재한다면 가장 맛있는 음식을 만드는 레시피가 아닐까?

그 레시피도 시간이 지날수록 맛이 연해지니까 신의 레시피를 허투루 날리는 꼴이 된다.

'번뜩이는 생각은 신의 마음, 그것을 지워버리는 것은 인간의 마음'이라는 말이 있다.

번뜩 좋은 생각이 떠오른 순간은 신의 마음으로 센스가 빛을 발한 찬스 상태이지만, 시간이 흐르면서 그 마음을 지워버리는 것이 인간의 마음이라는 뜻이다.

이렇듯 생각이 떠올랐을 때 바로 실행해서 그 찬스를 살릴 수 있느냐가 관건이다.

메모만 하는 것도 엄연한 행동

그렇게 말은 하지만 생각처럼 잘 움직이지 못할 때도 있다.

머리로는 알겠는데 겁이 나서 발을 내딛기가 어려운 것이다.

안심해도 된다. 그럴 때 추천하는 방법이 있다.

할 일이나 아이디어가 떠오른 순간에는 스마트폰 메모장도 좋으니 바로 3분만 투자해서 메모하는 것이다.

생각한 것을 바로 행동으로 옮기는 가장 간단한 방법이다.

메모만 해도 엄연한 행동에 들어간다.

번뜩 생각이 떠오른 순간을 신의 레시피라고 치면, 3분 안에 완성해야 한다. 신의 레시피가 가장 맛있게 완성되는 것은 초반 3분이기 때문이다. 3분 요리를 뚝딱 해치워버리자.

그 후에는 그 당시의 마음을 잊지 않도록 메모를 다시 꺼내 보는 것이다.

해야 할 일이 눈에 보이게 남아 있으면 하고 싶어져서 좀이 쑤

신다.

  못 하거나 하지 않는 것보다 아이디어를 잊어버리는 것이 가장
무섭다.

액션 플랜 20

  할 일이 생각난 순간, 3분 이내에 메모로 남겨라.

21

×
●
×

손에 공을 든 채로
계속
서 있지 않기

×
●
×

바빠 보이는 사람에게 말을 걸어야 할 때, '지금 바쁠 테니까 말 시키면 민폐겠지?'라며 주저하는 사람이 많다.

그런데 사실 이건 큰 착각이다.

상대방이 바쁜 사람일수록 바로 연락해야 한다.

인간관계에서 트러블이 생기는 가장 큰 원인이 바로 잘못된 의사소통이다. 바로 대처했으면 금방 해결될 일이었는데, 왠지 바쁠 것 같다고 지레짐작해서 연락을 주저한다. 그러면 사태가 악화되어 괜히 시간만 낭비하는 일이 벌어진다.

실제로 예전에 나에게 바로 연락을 줬더라면 제대로 대처해서 간단히 해결할 수 있었던 일이 있었는데, 배려를 한 건지 '○○씨는 바쁠 테니까 이 정도는 그냥 내가 해결하자'라며 혼자 처리해버린 비즈니스 파트너가 있었다.

해외 고객을 상대하는 일이었는데, 거기서 커뮤니케이션에 문제가 생겨 결과적으로 거래처에 폐를 끼쳤다.

신용 문제가 걸린 중대한 사항이라 직접 해외에까지 사죄하러 찾아갔다.

초반 단계에서 얘기만 해줬더라도 몇 분 만에 끝났을 일인데, 이틀 꼬박 걸린 것도 모자라 해외에까지 가게 된 것이다.

이 문제는 '○○씨는 바쁠 테니까 이 정도는 그냥 내가 해결하자'라며 연락을 뒤로 미뤘기 때문에 발생했다. 그런데 상대방이 눈코 뜰 새 없이 바빠서 정말 시간을 못 낼 것 같은 사람이라면, 주저하지 말고 제일 먼저 연락해야 한다.

그게 가장 빨리 처리하는 방법이기 때문이다.

공을 들고 계속 서 있으면 안 된다. 바로바로 패스를 해야 한다. 시간이 지날수록 손에 든 공은 점점 무거워져 당신의 힘으로 감당하기 어려워진다.

'이해한 척'은 절대 금지

커뮤니케이션에 관해서는 쌍방이 어떻게 받아들이느냐에 따라 트러블이 되는 경우가 많다. 그래서 듣는 이와 말하는 이는 각각 알아야 할 포인트가 있다.

먼저 듣는 이는 이해가 될 때까지 계속 물어봐야 한다. '이런 말인 것 같아'라며 지레짐작하는 것이 가장 좋지 않다.

반면, 말하는 이는 상대가 이해할 때까지 끈질기게 여러 번 얘기해야 한다. 이 부분을 서로 귀찮아하면 나중에 더 골치 아픈 일이 생긴다.

어떻게 받아들였느냐에 따라 가끔 돌이킬 수 없는 일이 생기기도 한다. 그러니 신속하게 여러 번 대화를 나누자.

이제 망설이지도 주저하지도 말고, 바빠 보이는 그 사람에게 당장 연락해보자.

액션 플랜 21

바쁜 사람일수록 제일 먼저 말을 걸어라.

4장

구조와 환경을 이용해
행동력을 높여라

22

×

•

×

일부러
애매한 타이밍에
끝내기

×

•

×

오늘은 했는데 내일은 또 까먹는다. 흔히 있는 일이다.

이럴 때는 어떻게 할까?

다음번에 이 일을 또 할 수 있도록 기대감을 남겨두는 것은 어떨까.

예를 들어 게임을 떠올려보자.

아이에게 게임을 하지 말라고 입이 아프도록 얘기를 해도 그만두지 않게 만드는 힘. 그리고 무엇보다 오늘 했는데도 내일이 되면 다시 달려들게 만드는 그 위력은 정말 대단하다.

습관화를 할 때 우리는 게임에서 큰 힌트를 얻을 수 있다.

게임에는 꾸준히 하게 만드는 구조가 잘 되어 있기 때문이다.

게임은 대부분 미션 하나에 성공하면 또 다음 미션이 나와서 절묘하게 궁금증을 자아내기 때문에 멈출 수 없게 되어 있다.

이처럼 습관화를 할 때는 내일도 달려들 수 있게끔 기대감을 만들어둘 필요가 있다.

다음번에 할 일 중 10퍼센트만 미리 해놓기

이러면 '게임이나 놀이는 그렇지만 일은 어떻게 해요?'라는 질문이 반드시 나온다. 그럴 때는 가장 좋은 방법이 있다.

일을 깔끔하게 마무리 짓지 말고, 다음날 할 일의 10퍼센트만 해놓고 끝내는 것이다.

'오늘은 여기까지'라며 일단락을 지어버리는 것이 아니라, 내일 할 일을 조금 준비해두고 끝낸다. 그러면 다음에 어떤 일을 할지 이미지가 명확히 그려져 있고, 게다가 준비도 조금 해놨으므로 이어서 하기 수월해진다.

보통은 '자, 오늘도 처음부터 시작'이라고 생각하기 때문에 엉덩이가 무거워지는 것이다.

물론 나 자신도 실천하고 있다. 이 책의 원고를 쓸 때, 너무 쌓아 두지 않고 매일 조금씩 쓰도록 하고 있다. 갑자기 한 항목을 한꺼 번에 쭉 써서 깔끔하게 마무리를 지으면, '좋아, 이제 다음 항목부 터 써 볼까'라는 마음이 잘 들지 않는 것이 솔직한 심정이다.

다음 날 바로 일이 손에 잡히는 것은 각 항목을 깔끔하게 끝내 지 않고 다음 항목의 10퍼센트까지만 쓰다 만 덕분이다.

무슨 일이든 습관화를 할 때는 다음에 바로 일에 착수할 수 있 도록 기대감을 남겨두도록 하자. 꾸준히 실천하지 못하는 이유는 다음에 또 하고 싶다는 생각이 들지 않기 때문이다. 정확히 말하 면, 다음에 무엇을 할지 정하지 않았기 때문에 하기가 귀찮아지 는 것이다.

그러니 다음에 또 하고 싶다는 마음이 들도록 확실히 준비해두 는 것이 중요하다. 그렇게 하면 바로 이어서 하고 싶은 마음이 들 면서 자연스레 습관화된다.

액션 플랜 22

내일 할 일의 10퍼센트만 해두고 오늘을 마무리해라.

23

×
•
×

**새로운
습관은
금물**

×
•
×

인간의 뇌에는 새로운 일을 잘 받아들이지 않으려는 습성이 있다.

우리는 매일 방대한 정보를 얻는다. 그중에서 필요한 정보만 기억하고 필요하지 않은 정보는 기억에 남기지 않도록 하고 있다.

이 기능을 뇌과학에서는 RAS라스, Reticular Activating System라고 부르는데, 기억을 담당하는 이 RAS가 모든 정보를 관리하고 분배해 준다.

그렇게 거르지 않으면 너무 많은 정보를 소화해야 한다. 우리는 뇌에 큰 부담을 주면 과부하에 걸린다.

그럼 뇌는 어떤 정보를 기억하고 어떤 정보를 잊을까?

그것은 '살아가는 데 필요한 정보인가 아닌가'이다.

우리의 뇌는 살아가는 것을 최우선으로 여긴다.

그러니까 살아가는 데 필요한 정보를 기억하고, 살아가는 데 필요 없는 정보를 지우려 한다. 뇌는 항상 '살아가는 데 필요한가?', '살아가는 데 필요하지 않은가?'로 판단을 내린다.

지금 이렇게 살아 있는 것이 최고의 상태라고 판단하기 때문에 갑자기 다른 일을 하려고 하면 RAS가 끼어들어 변화를 거부한다.

현재 최상의 상태라 다른 일을 할 필요가 없다고 판단하기 때문이다.

RAS가 새로운 일을 시키지 않으려고 하기 때문에 일부러 거부감을 느끼게 하는 것이다. 그래서 우리는 '나는 못하겠어', '어차피 계속 못할 것 같아'라고 생각하게 된다.

바로 실천하지 못해서 고민하는 사람이나 습관화가 되지 않아 괴로워하는 사람은 결코 자신의 능력 탓이 아니라 뇌의 구조가 그렇게 만든다는 것을 알아두자.

'A를 하면 B를 한다'라는 규칙을 만들어라

기억에 남기고 습관화하는 방법이 있을까?

그럴 때는 새로운 일을 시작하려 하지 말고 이미 습관화된 일에 갖다 붙여보자.

이것을 'If-then의 법칙'이라고 부르겠다.

'(If) 만약 이렇게 하면, (then) 이렇게 하겠다'라는 행동 규칙을 정하는 것이다.

단순히 무언가를 하겠다, 하지 않겠다를 정하는 것이 아니다. '무언가를 하면 하겠다', '무언가를 하면 하지 않겠다'라는 식으로 조건을 붙이는 것이다.

그렇게 하려면, 이미 습관화된 일에 새로 습관화하고 싶은 일을 붙여서 세트로 만들어버리는 것을 추천한다.

이미 습관화된 것은 RAS가 살아가는 데 중요하다고 판단하여 기억하고 있는 것이라서 잊어버리지 않고 계속할 수 있다.

따라서 이미 습관화가 되어 있는 것으로 여기고, 거기에 새로 습관화하고 싶은 일을 추가하는 것이다.

예를 들면,

입욕 준비 → 그전에 웨이트 트레이닝하는 시간 만들기

양치질하기 → 그전에 영어 단어 외우는 시간 만들기

이런 식이다.

단순히 웨이트 트레이닝을 하려고 하면 움직이기도 귀찮고 꾸준히 이어지지 않는 경우가 대부분인데, 매일 습관이 되어 꼭 하고 있는 입욕 전에 한다는 조건을 붙이면 연동해서 할 수 있게 된다.

이 방법을 쓰면 누구든지 습관화할 수 있다.

따라서 자신이 매일 빠짐없이 하는 일이 무엇인지부터 생각하자. 그러고 나서 새로 습관화하고 싶은 일을 더하는 것이다.

액션 플랜 23

이미 습관화된 일과 세트를 만들어라.

① 이미 습관화된 일은 무엇인가요?

② 앞으로 새로 습관을 들이고 싶은 일을 어떻게
  붙여서 세트로 만들까요?

24

×

•

×

응원해주는
사람들에게만
선언하기

×

•

×

뭔가 새로운 도전을 할 때는 의욕을 끌어올리기 위해, 그리고 주변 사람들을 끌어들이기 위해 '선언'을 하는 것이 중요하다고들 한다.

확실히 타인에게 선언을 하면 자신뿐 아니라 주변 사람과도 약속하는 셈이기 때문에 웬만해선 지켜야 한다는 사명감이 생기기도 한다.

그렇게 간단히 약속을 깨지 못하는 상황을 만들기 위해서라도 '선언'은 굉장히 효과적이다.

하지만 사실 여기에는 놓치기 쉬운 중요 포인트가 하나 있다.

'누구'에게 선언을 하느냐가 중요하다.

선언은 아무한테나 하는 것이 아니다.

그 대상을 골라서 해야 한다.

상대를 잘못 골라 선언했다가는 오히려 자신감을 잃거나 상처 입는 경우도 있기 때문이다.

예를 들어 매사에 부정적이거나 기준이 낮은 사람들에게 선언 하면 오히려 '안 될 것 같은데', '안 하는 게 나아', '꿈도 크네, 현실 을 봐' 등 의욕을 꺾는 말들이 돌아올 수도 있다.

그러면 자신감이 점점 떨어지고 자기긍정감도 낮아져서 '다시 는 내가 한다고 하나 봐라'라며 포기할 수도 있다.

그럼 무엇이 중요할까?

그것은 '응원해주는 사람들에게 선언하는 것'이다.

무슨 말을 해도 '대단한데, 기대된다', '열심히 해, 응원할게!', '괜 찮아, 할 수 있어'라며 힘을 북돋아 주는 사람들에게 선언한다.

그러면 자신감이 생기고 자기긍정감도 올라가 '더 열심히 해야 지', '할 수 있어'라는 생각을 하게 된다. 기를 죽이는 사람이 아니 라 기를 살려주는 사람들에게 선언하자.

자신보다 타신

어차피 대부분의 사람이 하는 '할 수 있어!'라는 말이나 '넌 안돼!'라는 말에 근거는 없다.

인간이란 결국 무책임한 생물이라 무슨 일을 하든 전부 다 남일이다.

결국 실행하는 사람은 본인이기 때문이다.

자기 인생을 대신 살아줄 사람은 없다.

어차피 무책임하고 근거 없는 말이라면 긍정적으로 '할 수 있어!'라며 응원해주는 사람들에게 선언하는 게 당연히 낫다.

'자신보다 타신'이라는 말이 있다.

자신이 자신을 믿는 마음보다 주변 사람들이 자신을 믿어주는 마음이 더 설득력 있다는 뜻이다.

아무리 자신감이 없어도 주변에서 괜찮다고 말해주면 괜찮은 것 같고, 아무리 자신감이 있어도 주변에서 안 된다고 하면 안 될 것 같다는 생각이 든다.

자신감이 없는 상태에서 SNS에 글을 올렸는데 '좋아요'를 많이 받고 팔로워도 늘어나면 어떤가. 왠지 모르게 기가 살고 자신감도 생긴다.

반면, 자신만만하게 올린 SNS에 글을 올렸는데 아무도 '좋아요'를 눌러주지 않고 팔로워도 없으면 '역시 난 안 되나 봐……'라며 자신감이 떨어진다.

주변의 반응이 자신의 마음을 만든다는 사실을 잘 보여주는 사례다.

그래서 누구에게 선언하는지가 중요한 것이다.

근거가 없더라도 긍정적인 타신을 해주는 사람들에게 선언하자.

이제 이 책을 내려놓고 생각해보자.

당신 주변에 당신을 진심으로 응원해주는 사람은 누구인가.

액션 플랜 24

근거 없는 '좋아요'를 받아라.

25

×
●
×

스마트폰이나
TV 리모컨은
숨기기

×
●
×

하고 싶은 일을 하려는데 집중이 잘되지 않을 때는 방해물이 있다는 뜻이다.

특히 스마트폰이나 TV가 가장 크게 영향을 주지 않을까.

자꾸만 눈이 가서 보다가 어느새 '시간이 벌써 이렇게 됐네?'라며 정신이 번쩍 드는 경우는 아주 흔하다.

인간은 한번 보면 계속 신경이 쓰여서 다른 일에 집중하지 못하는 생물이다.

스마트폰으로 메시지를 확인하면 답장을 해야 속이 풀리고, TV를 일단 보기 시작하면 다음 내용이 궁금해서 끝까지 봐야 직성이 풀린다.

만약 오늘 반드시 해야 할 일이 있다면, 미리 TV 리모컨을 멀리 떨어진 곳에 두거나 스마트폰을 보이지 않는 곳에 두도록 하자.

보고 싶어도 보지 못하는 상황이나 보는 게 귀찮아지는 상황을 처음부터 만들어버리는 것이다.

그러면 어떤 일을 할 때 방해하거나 차단하는 것이 없어지니까 집중해서 파고들 수 있다.

바로바로 행동하는 비결은 방해물을 초장에 예측해서 그 조건 이 되는 것을 멀찌감치 떨어뜨려 놓는 것이다.

방해하는 것은 물리적으로 멀리 떨어뜨려 놓자

소리만 안 나면 괜찮다며 전원만 끄고 스마트폰을 가까이 두는 사람도 있는데, 분명히 말하지만 별로 의미가 없다.

왜냐하면 시야에 들어온 시점부터 신경이 쓰여 의식이 계속 그 쪽 방향으로 가 있기 때문이다.

다시 말해 '한 번 눈에 들어오면 끝'이다.

될 수 있으면 보지 않도록 유의하자.

그러면 방해물은 사라진다.

이렇게 해서 아무런 잡념 없이 작업에 몰두할 수 있다.

무심코 눈이 향하거나 의식을 빼앗길 만한 것은 물리적으로 먼 곳에 두자.

액션 플랜 25

집중을 방해하는 물건은 다른 방에서 쉬게 해라.

26

×

•

×

의욕이
올라가는
환경 만들기

×

•

×

'좋아, 지금 당장 하자!'라는 생각이 들지 않는 이유는 환경이 큰 영향을 차지한다.

17번 항목에서도 설명했지만, 방이 지저분하고 정리되어 있지 않은 상황과 깔끔하게 치워져 청결한 상태에서는 어느 쪽이 더 의욕이 생길까? 당연히 후자다.

방의 상태는 마음의 상태이다.

그리고 마음의 상태는 사고와도 연결이 된다.

예를 들어 어린 시절에 부모님에게 뭔가를 사달라고 조를 때는 무엇을 살필까?

누구나 당연히 부모님의 기분을 살핀다.

부모님의 기분이 좋지 않을 때는 부정적인 사고를 하는 상태이기 때문에 사달라고 졸라도 좋은 대답을 얻을 확률은 적다는 사실을 어린 마음에도 눈치챈다.

하지만 부모님 기분이 좋을 때는 긍정적인 사고를 하기 때문에 무슨 부탁을 해도 허용이 돼서 좋은 답을 받을 확률이 확 올라간다.

이와 마찬가지로 마음의 상태와 사고는 연결이 되어 있어서 마음이 흐트러져 있을 때는 '좋아, 당장 하자!'라는 생각이 들지 않는 것이다.

그런 상태를 만드는 것이 방의 상태이기도 하다.

그러니까 먼저 방을 깨끗이 치워야 한다.

좋아하는 것으로 너무 많이 둘러싸여 있는 것도 역효과

더 나은 환경을 만들기 위해서는 너무 좋아해서 보기만 해도 의욕이 올라가는 물건을 두는 것을 추천한다. 녹색식물을 두면 마음이 안정된다거나 좋아하는 오디오를 놓고 음악을 듣는 등, 자연스레 기분이 올라가는 환경을 만드는 것이다.

이때 좋아하는 물건을 이것저것 너저분하게 많이 두면 방이 어수선해지므로 좋아하는 물건을 하나나 두 개만 놓아야 한다는 점에 유의하자.

전에 아는 사람이 방을 꾸미겠다며 좋아하는 아이템을 이것저것 많이 뒀더니 오히려 더 산만해졌다고 한다.

그래서 평소의 방에 가정용 야자수와 서핑보드만 뒀더니, 방도 깔끔해지고 좋아하는 물건에도 둘러싸여 있어 집중이 더 잘 됐다고 한다.

따라서 먼저 방을 깨끗이 치울 것. 그리고 좋아하는 물건은 하나나 두 개만 놓도록 주의하도록 하자.

액션 플랜 26

방에 좋아하는 물건을 하나나 두 개만 둬라.

27

×
·
×

'바로 실천도'로 순위를 매겨 낮은 순위부터 해치우기

×
·
×

가장 중요한 일부터 갑자기 시작하려고 하는 것도 바로바로 행동으로 옮기지 못하는 원인이다.

중요하기 때문에 뒤로 미루는 것도 하나의 방법이다.

먼저 지금 해야 할 일들에 순위를 매긴다.

중요도 순위가 아니라 바로 실천할 수 있는지를 매기는 '바로 실천도' 순위다.

중요한 일일수록 바로 실천해야 한다고 보통은 생각하겠지만, 오히려 너무 중요해서 당장 손에 잡히지 않는 경우도 있다.

왜냐하면 마음까지 덩달아 무거워지기 때문이다.

'경건하게 임해야 해', '실수하면 안 돼'라는 생각을 하게 되니까 자꾸 뒷걸음질을 치게 되는 것이다.

누군가에게 메시지가 왔다고 해보자. 장문의 메시지와 단문의 메시지 중에 어느 쪽이 더 보기 쉬울까. 단문이라고 답하는 사람이 많지 않을까.

단문은 가벼운 마음으로 바로 확인할 수 있지만, 장문은 '꼼꼼하게 확인하고 답장해야 해'라는 생각에 시간 여유가 있을 때 보려고 뒤로 미루게 된다.

시험 문제도 마찬가지다. 난도가 높은 문제는 푸는 데 시간이 걸리는 데다가 다른 문제들도 남아 있어서 괜히 조바심이 난다.

그럴 때는 풀기 쉬운 문제부터 먼저 풀고, 점점 익숙해졌다 싶을 때 어려운 문제를 푸는 것이 효율도 좋다.

암호는 '리듬 타♪'

아무튼 둘 다 해야 한다면 초반 단계에서 발부리가 걸려 꼼짝 못 하는 것보다는 가벼운 것부터 시작해 리듬을 타야 한다.

그렇다. 리듬을 타는 것이 중요하다.

리듬에 점점 올라타면서 뇌가 활성화되어 이미 활발히 움직이는 상태가 만들어져 있으므로 정말 중요도가 높은 일을 하려고 할 때 수월하게 착수할 수 있다.

중요한 일을 할 때는 먼저 가벼운 일부터 해치우고, 리듬을 만들어서 뇌를 활성화하자.

암호는 '리듬 타♪'이다.

그러면 중요한 일도 주저하지 않고 시작할 수 있다.

이제 한번 소리 내어 말해보자.

'리듬 타♪'

어떤가. 기분이 가벼워지는 느낌이 들지 않나?

액션 플랜 27

중요한 일일수록 뒤로 미뤄라.

5장

바로바로 실천하는 나로
다시 태어나다

28

×

•

×

취향을 넘어서
가치관이 맞는 것을
찾기

×

•

×

바로바로 실천하는 사람이 되기 위해 가장 중요한 포인트가 있다.

그것은 자신의 가치관을 아는 것이다.

가치관에 맞는 일을 하면 무슨 일을 해도 피로가 쌓이지 않고 의식도 높아지며 아이디어도 다양하게 생각나기 마련이다. 집중력이나 주의력, 지속력도 생겨난다.

가치관이란 어떤 축이라고 할 수 있는데, 개인이 가장 중요하게 생각하는 관점을 말한다.

남들과 달리 자기 안에만 절대적으로 존재하는 것이다.

예를 들어 '나는 이것만은 용납 못 해!', '이것만큼은 물러설 수 없어!'라고 생각하는 부분은 누구에게나 있을 것이다.

그리고 그것은 사람에 따라 다르다.

시간에 가치를 두는 사람은 1분 1초가 무척 소중하기 때문에 지각을 용납하지 못한다.

반면 태도에 가치를 두는 사람은 지금 눈앞에 있는 사람을 진지하게 대하고 싶어 하므로 다소 시간이 지나더라도 신경 쓰지 않는다.

'정직'을 가치관으로 두는 사람은 거짓말을 용납 못 하고, '정의감'을 가치관으로 두는 사람은 배신을 용납 못 한다.

뒷말이나 험담을 용서하지 못하는 사람이 있는가 하면, '설레지 않는 일은 절대 하지 않겠다'는 사람도 있다.

사람에 따라 소중히 여기는 것, 또는 용납하지 못하는 것이 다르다.

자신의 가치관을 분명히 이해하면 행동이 달라진다.

그 가치관에 걸맞은 삶을 살면 몸은 알아서 움직이고 습관화되며 자연스레 힘이 넘쳐흘러 의욕이 생긴다. 결국 좋은 결과를 낼 수 있다.

가치관 찾는 법

그럼 나의 가치관은 어떻게 찾을까?

간단하면서도 추천하는 방법이 있다.

지금까지 살아오면서 기뻤던 일과 슬펐던 일을 3개씩 뽑아보자.

기뻤던 일 3개의 공통점, 슬펐던 일 3개의 공통점을 찾아내면 무언가가 보일 것이다.

기쁜 일도 슬픈 일도 자신이 반응했다는 표시다.

반응을 한다는 것은 소중히 여긴다는 뜻이다.

소중히 여기는 것이 생겨서 기쁜 것이다.

소중히 여기는 것을 못 해서 슬픈 것이다.

이런 식으로 자신을 이해해보자.

먼저 자신이 무엇에 반응하는지를 알 것.

인간은 자신이 소중히 여기는 것 외에는 반응하지 않는다.

만약 당신이 미용 전문가인데, 남을 예쁘게 꾸며주고 싶다는 생각을 갖고 있다고 치자.

어떤 사람에게 '넌 프로 야구 선수가 될 수 없어!'라는 말을 들으면 슬플까?

아마 슬프지 않을 것이다.

반면 '너는 남들을 예쁘게 못 꾸미잖아!'라는 말을 들으면 어떨까?

아마 슬픈 생각이 들지 않을까?

남들을 예쁘게 꾸미고 싶다는 마음을 소중히 여기기 때문이다.

그래서 '예쁘게 해주셔서 고마워요!'라는 말을 들으면 기쁘고, '생각보다 별론데요?'라는 말을 들으면 풀이 죽는다.

그것은 당신이 '남을 예쁘게 꾸미기'에 가장 큰 가치를 두고 있기 때문이다.

야구에서 공을 치든 못 치든 기쁘지도 슬프지도 않은 것은 가치관에 없기 때문이다.

조금 더 파고 들어가 보자.

예를 들어 당신의 인생에서 기뻤던 일과 슬펐던 일의 공통점이 '주변 사람'이었다고 치자.

기뻤던 일은 '친구나 직장 동료와 목표를 달성했다', '친구나 직장 동료와 같이 여행을 갔다' 등이다.

슬펐던 일은 '친구나 직장 동료와 다퉜다', '친구나 직장 동료가 심한 거짓말을 했다' 등이다.

이렇게 됐다면 당신은 무엇에 반응하는 것일까?

그렇다. 친구나 직장 동료다.

누구보다 친구나 직장 동료를 아끼고 소중히 여기기 때문에 기쁠 때도 있고 상처를 받기도 하는 것이다. 그것이 당신의 가장 큰 가치관이다.

그렇다면 당신은 친구나 직장 동료에게 기쁨을 줬을 때 큰 힘을 발휘하고 지치지 않으며 몸이 자연스레 움직이는 사람이다. 그리고 그 과정에서도 별다른 고통 없이 오래 지속할 수 있는 것이다.

이것이 '바로바로 실천하기'나 '습관'으로 이어지는 가장 큰 방법이다.

가치관을 알 것.

다음 페이지의 <적어보기>를 하면서 당신의 가치관을 꼭 끌어내길 바란다.

액션 플랜 28

자신이 무엇을 소중히 여기는지 알아라.

적어보기

① 지금까지 살아오면서 기뻤던 일 TOP 3

1.

2.

3.

② 지금까지 살아오면서 슬펐던 일 TOP 3

1.

2.

3.

29

×

•

×

암호는
'습관화했어?'

×

•

×

아무리 감명 깊은 이야기를 들어도 그것만으로는 인생이 바뀌지 않는다.

인생을 바꾸고 싶다면 실제로 행동을 해야 한다.

'학습 단계'라는 것이 있다.

먼저 '알기', 그다음 '이해하기', 그리고 '실천하기'이다.

'알았다', '이해했다'와 '실천했다'는 완전히 다르다.

그런데 그 뒤가 또 있다.

'실천했다'에서 끝이 아니라 그것을 자신의 것으로 만들어야 한다.

'이거다!'라고 생각한 배움은 체득하지 않으면 의미가 없다.

수영을 잘하고 싶어도 겨우 한 번 연습했다고 해서 갑자기 잘할 수는 없다. 정말 수영을 잘 하고 싶다면 몇 번이고 연습하려고 할 것이다.

그런 것처럼 정말 체득하고 싶은 것이 있다면 몇 번이고 반복해야 한다. 고작 한 번 했다고 자신의 것으로 만들 수는 없다.

훌륭한 것을 보고 감동하는 것은 당연히 중요하다.

그런데 감동만 하고 끝내기에는 뭔가 아쉽다.

감동은 누구나 할 수 있다. 그 뒤가 중요하다.

할 일을 정했다면 그다음이 중요하다.

최종 목표는 어디까지나 습관화다.

아무리 좋은 책을 읽고, 세미나나 강연을 열심히 듣고, 유튜브도 보아도 거기에서 끝나면 아무것도 바꾸지 못한다.

앞으로는 '습관화했어?'를 입버릇처럼 말하자.

암호는 '습관화했어?'이다.

책을 읽으면 마음에 와닿는 구절을 하나라도 찾아서 꼭 습관화하자.

'괜찮다'에서 끝이 아니라, 습관화를 하는 것이다.

세미나나 강연, 유튜브를 보고 괜찮은 게 있을 때도 마찬가지다.

거기서 얻은 것을 먼저 행동으로 옮기고, 그다음은 암호인 '습관화했어?'를 꼭 물어봐서 자기 것으로 만들자.

아무리 생각하고 실천해도 결국 습관화한 사람에게는 이기지 못한다.

아무리 살을 빼고 싶다는 마음이 굴뚝같아도 살 빼는 습관을 지닌 사람에게는 이기지 못한다.

염원을 뛰어넘는 것이 습관이다

살찐 사람에게는 살찐 사람의 습관이 있고, 날씬한 사람에게는 날씬한 사람의 습관이 있다.

인간관계도 마찬가지다.

사랑을 많이 받는 사람은 사랑받는 습관을 지녔고, 미움을 많이 받는 사람은 미움받는 습관을 지녔다.

예를 들자면, 사랑받는 사람은 주변 사람들의 이야기를 잘 듣고 상대방이 원하는 것이나 필요로 하는 것을 자발적으로 해주려는 습관이 있다.

반면, 미움받는 사람은 본인 얘기만 늘어놓고 원하는 것만 챙기

려는 습관이 있다.

경제면에서도 똑같이 적용된다.

가난한 사람과 부유한 사람의 차이는 습관에서 생기는 것이 무척 크다.

항상 돈에 쪼들리는 사람은 무의식중에 돈을 낭비하는 습관이 있다. 일시적인 만족을 얻기 위해 돈을 지출하기 때문에 아무것도 돌아오지 않는다.

반면, 부자들은 돈을 효과적으로 투자하는 습관이 있다. 얻은 것을 반드시 가치로 바꿔서 돈을 얻는 것이다.

그들은 돈을 불리는 습관이 몸에 배어 있어서 지출한 돈이 항상 돌아오기 때문에 풍요로워진다.

다시 한 번 강조하겠다.

암호는 '습관화했어?'이다.

당신이 최근에 습관화한 것은 무엇인가.

습관을 바꾸면 인생이 바뀐다.

액션 플랜 29

무언가를 얻었다면 반드시 습관화를 목표로 해라.

30

×

●

×

실패 적금이
늘어나면
최강이 된다

×

●

×

어떤 일을 꾸준히 할 때는 실패를 얼마나 자기 편으로 만드는가가 중요하다.

실패 없는 도전이란 없다.

그러니까 실패를 두려워하지 말고 즐겨야 한다.

우리는 처음부터 '실패는 하면 안 되는 것'이라는 인식이 강하게 박혀 있어 이미 실패에 대해 오해를 하고 있다.

실패를 두려워하면 도전을 못 한다.

그러면 당장 해야겠다는 생각이 들지 않기 때문에 행동 자체에도 거부감이 들어서 결국 움직이지 못하게 된다.

'바로바로 실천하기'에 대한 가장 큰 정신적 블록은 이 '실패'인 셈이다.

그래서 이번 항목에서는 실패에 대한 생각을 이야기하려고 한다.

'실패 적금은 행복 적금'이라는 말이 있다.

왜 실패 적금이 행복 적금일까?

'타인의 불행은 나의 행복'이라는 말이 있듯이, 우리는 타인이 불행한 이야기를 싫어하지 않는다. 성공담보다 왠지 안심이 되고, 더 친밀하게 공감할 수 있기 때문이다.

'하면 할수록 환영받는 실패담. 하면 할수록 미움받는 성공담'이라는 말도 있다.

실패 사례가 많으면 사람들에게 공감을 받고 희망도 줄 수 있게 된다.

그래서 실패 적금은 쌓일수록 응원해주는 사람이 늘어나기 때문에 행복 적금으로 이어진다는 뜻이다.

그것이 무엇보다도 가장 큰 경험이 된다.

그깟 실패 하나쯤이야 경험 하나 늘린 것으로 생각하자.

경험만큼 설득력 있는 것은 없다.

실패를 자기 편으로 만들지 못하는 사람의 두 가지 특징

실패를 자기 편으로 만들지 못하는 사람은 다음 두 가지 특징을 가졌다.

① 실패를 개체로 인식한다

'실패'라는 사건에만 초점을 맞추기 때문에 실패 안에 다양한 가능성이나 성장, 발견 등 인생을 성공으로 이끌어가는 데 필요한 요소가 숨어 있다는 사실을 깨닫지 못한다. 실패를 하나의 개체로만 보기 때문이다.

② 실패의 반대가 성공이라고 생각한다

애초에 실패의 반대가 성공이라는 인식이 있기 때문에 '실패하면 더이상 성공하지 못한다'라고 결론을 내린다.

실제로는 실패나 성공이나 같은 곳에 있다는 사실을 알자.

실패란 성공을 위한 필요조건 중 하나일 뿐이다. 그런데 흑과 백으로 생각하는 분들이 많다.

실패의 반대는 '아무것도 하지 않는 것'이지 성공이 아니다.

성공의 일부에 실패가 있을 뿐이다.

성공과 실패로 나눌 것이 아니라, '성공도 실패도 하는 사람' 과 '성공도 실패도 하지 않는 사람'으로 나눠야 한다.

어떤가.

당신은 '성공도 실패도 하는 사람'과 '성공도 실패도 하지 않는 사람' 중에 어느 쪽이 되고 싶은가.

이제는 실패할까 봐 지레 겁먹기보다는, 경험을 쌓을 수 있게 차라리 실패해버리자는 경지에 오르도록 하자.

이제 이 항목을 다 읽었다면 실패에 대한 이미지가 조금이라도 바뀌었을 것이다.

실패를 자기 편으로 만들어서 오히려 감사하는 마음을 갖고, 성공으로 가는 발견이나 경험으로 바꾸자.

실패 없이는 습관화도 없다.

액션 플랜 30

실패를 두려워하지 말고 경험을 늘려라.

31

×

•

×

'안 할 일' 정하기

×

•

×

바로바로 행동하는 습관을 만들 때는 '바로 할 일'만 정하지 말고 '바로 하지 않을 일'도 정하는 것이 중요하다.

많은 분이 '할 일'에만 의식이 치우치기 쉬운데, '안 할 일'에도 눈길을 주는 것이 포인트이다.

결단이란 할 일을 결정한다는 뜻도 있지만, 어떤 일을 단정한다는 뜻도 있다.

마케팅 용어에서 자주 쓰이는 '전략'이라는 것도 어떻게 이기는지를 생각하는 것이 아니라 하지 않을 일을 명확히 하는 것이다.

'하지 말아야 할 일'을 정하는 것. 그 용기를 가지자.

받아들이는 것에만 의식을 집중하는 것이 아니라, 놓는 것에 더 신경을 쓰는 것이다.

이때 우선순위와 중요 사항의 차이를 아는 것이 중요하다.

일단 결정해야 하는 것은 중요 사항이다. 그리고 다음으로 우선순위를 정한다.

중요 사항과 우선순위를 명확히 하기

중요 사항이란 무엇일까? 그것은 '할 일'과 '안 할 일'을 명확히 나누는 것이다.

우선순위란 무엇일까? 그것은 '할 일' 중에 어떤 일을 먼저 할지 순위를 정하는 것이다.

1에서 10까지 일이 있다고 치면, 먼저 중요 사항을 정한다.

1에서 10 중에서 할 일과 안 할 일을 나눈다.

예를 들어 할 일이 1, 3, 5, 7, 9라면, 안 할 일은 2, 4, 6, 8, 10으로 분류한다.

이번에는 우선순위를 정한다.

아까 '할 일'이라고 정했던 일들 가운데 무엇을 먼저 할지 '순서'를 매기는 것이다.

1, 3, 5, 7, 9 중에서 중요도가 높은 일을 정한다.

7→3→9→1→5라는 식으로 순서를 매겨서 무슨 일부터 진행할지 명확히 한다.

이렇게 안 할 일을 분명히 나눠버리면 할 일이 자연스레 보인다.

그러니까 먼저 중요 사항들을 할 일과 안 할 일로 나눠서 전부 다 하겠다는 욕심을 버릴 것. 그다음에 우선순위를 매겨서 무엇부터 시작할지 정할 것.

모든 일을 다 하려고 무리를 하니까 오히려 안 되는 일도 많은 것이다.

액션 플랜 31

할 일과 안 할 일을 완전히 나눠라.

32

×

●

×

'좋았어!'
하고
큰 소리로 외치기

×

●

×

불안이나 공포가 심해서 한 걸음 내딛기가 어렵다는 고민을 참 많이 듣는다.

불안감이나 공포심은 왜 생길까?

미지의 세계에 도전할 때는 누구나 불안감을 가진다.

앞이 캄캄한 곳을 걸으려니 당연하다. 불안이나 공포란 앞이 보이지 않는 미지의 무언가에 대해 생긴다.

그런데 앞으로 걸어 나가면서 불안이나 공포가 느껴지지 않을 때도 있다.

바로 지금까지 해봤던 일을 하려고 할 때다.

예를 들어 이사한 지 얼마 되지 않았을 때는 집으로 가는 길이 복잡해서 불안을 느낄 때가 있다. 그런데 여러 번 다니다 보면 당연하게도 불안감은 사라진다.

인생도 그와 똑같다.

예측하거나 파악할 수 있을 때는 아무런 불안이나 공포도 느끼지 않는다.

그런데 같은 길만 계속 걸으면 인생에 변화가 찾아올까? 변화야말로 성장이다.

같은 길만 걸어봤자 성장하지 않는다.

그래서 일부러 다른 길을 선택하고 걷는 것이다.

무슨 일이 일어날지 예측이 되지 않아 당연히 불안하다.

하지만 한편으로는 설렘도 느껴지지 않는가. 미지의 길을 가면 그 너머에는 무엇이 있을까? 무엇이 기다리고 있을까? 그렇게 새로운 만남을 즐길 줄 아는 사람이 될 수 있다.

불안이나 공포는 몰랐던 것과 새로 만나는 것.

그걸 즐길 줄 알면 되는 것이다.

'불안과 공포'를 '좋지 않은 것'이 아니라 '성장'이라고 인식을 바꿔보자.

불안을 이겨내는 마법의 주문

지금까지 해왔던 일과 똑같은 일을 하거나 계산이 서는 일을 해봤자 과거의 인생과 별다를 것이 없다.

예측이 되는 일은 당장에라도 이해할 수 있는 일이기 때문이다.

성장을 하고 싶다면 예측할 수 있는 범위에서 벗어날 수밖에 없다. 그렇다. 모르니까 성장하는 것이다.

불안이나 공포에 지레 겁먹지 말고, 성장을 할 수 있는 최고의 신호로 여기자. 그래서 그럴 때는 오히려 '좋았어!'라고 외치며 기뻐하는 것이다.

불안이나 공포는 성장의 신호. 불안이나 공포가 느껴진다면 '좋았어!'라고 주문을 외우자.

이 주문을 습관화할 수 있다면, 불안이나 공포가 느껴질 때마다 한 걸음 앞으로 나아갈 수 있을 것이다.

액션 플랜 32

불안이나 공포는 성장의 신호임을 알아라.

191

33

×
●
×

소중한 사람을 위해 산다는 걸
조금은
의식해보기

×
●
×

이렇게 책을 읽고 공부를 하다 보면, 내가 어떤 사람인지 점점 알 수 없게 될 때가 있다. 만약 어떤 길을 가야 할지 고민이 된다면, 이 세 가지를 의식하도록 습관을 들이자.

바로 '사랑', '용기', '감사'이다.

나도 나를 모르겠다. 그럴 때는 자신에게 소중한 사람을 떠올려라.

그리고 그 사람들을 위해 할 수 있는 일을 생각하자.

누군가를 아끼는 마음, 아이나 가족이나 동료를 생각하는 마음은 그 사람들을 사랑하는 마음에서 온다.

그 마음은 용기를 일으켜서 못할 줄 알았던 일도 하게 만든다. 누군가를 위하는 마음은 어마어마한 힘을 발휘하고, 무엇보다 자신의 가능성을 넓혀준다.

그렇게 타인을 위해 살다 보면 신기하게도 사람들이 나를 찾는다.

소중한 사람을 위하는 삶은 내 인생으로도 이어진다

특별한 일을 하라거나 훌륭한 사람이 되라는 말이 아니다. 당신이 누군가를 위해 열심히 살기만 하면, 자연스레 가야 할 길이 보인다.

누군가가 필요로 하고 없어서는 안 될 존재가 되면, 저절로 특별한 사람이 된다. 그리고 살아가는 의미가 보인다.

세상에 필요 없는 사람은 없다.

당신은 이 세상에 단 한 명뿐인 소중한 사람이다.

우리가 살아가는 가장 위대한 길은 누군가에게 필요한 사람이 되는 것이다.

그렇게 삶의 길이 보이면 이번에는 감사하는 마음이 솟구쳐 올라온다.

'감사'는 두루두루 좋게 만들어주는 마법의 습관이다.

받은 것에 대한 감사가 아니라, 그냥 자연스레 솟구치는 감사. 이 감사가 나나 사람들을 모두 행복하게 만들어준다.

누군가를 생각하는 '사랑'이 '용기'가 되고, '감사'의 마음이 피어오른다.

소중한 사람을 위해 사는 것. 그것은 자신의 인생을 산다는 것이다.

사랑과 용기와 감사만큼은 하면 할수록 늘어난다. 한계 없는 이 힘을 마구마구 늘리는 인생을 살자.

그런 습관을 들였으면 당신은 이제 아무 걱정 없다. 무슨 일이 있어도 행복만 찾아온다.

당신의 인생이 부디 찬란하기를 진심으로 바란다.

액션 플랜 33

당신이 아끼는 사람들을 떠올려라.

34

×
•
×

하고 싶어도
못 했던 사람들을
상상하기

×
•
×

지금 여기에 내가 있는 것이 결코 당연한 일이 아니라는 사실을 알아야 한다.

지금 당장 행동하지 못한다거나 습관을 들이지 못해 고민에 빠져 있을 수도 있다. 그러나 우리에게는 내일이 있다.

지금 당장 실천하지 못하는 것은 사실 여유가 있기 때문이기도 하다. 현실에 안주하고 있다는 뜻이다.

지금 우리는 평화롭게 살아가고 있지만 불과 수십 년 전에는 살고 싶어도 살 수 없었던 사람들이 많이 있었다.

전쟁 중에 수많은 젊은이들은 명령이 떨어지면 바로 전선에 뛰

어들어야 했다. 목숨을 걸고 두 번 다시 돌아올 수 없는 길을 가야
했던 것이다.

그들에게도 하고 싶은 일이 아직 있고, 가고 싶은 곳이 있었다.
전하고 싶은 것이 있고, 보고 싶은 사람이 있었다. 하지만 그럴 수
없었다.

어떤가.

지금 무슨 일이든 할 수 있다는 것이 얼마나 감사한 일이며 행
복한가.

생명의 시간을 의식하자

우리는 무엇이든 할 수 있다. 아직 무엇이든 할 수 있다.

왜냐하면 내일이 있으니까. 내일을 살아갈 수 있으므로.

내일에 안주하지 말고, 내일에 감사하며 내일을 열심히 살자.

아직 못한 일을 그대로 두지 말고 지금 당장 할 수 있는 것에 감
사하며, 지금 당장 할 수 있는 일을 더 소중히 여기자.

진정 후회 없는 삶을 살고 있는가?

후회란 소중한 사람이나 소중한 것을 소중히 다루지 못했을 때

생긴다.

후회란 지금 할 수 있는 일을 하지 못했을 때 생긴다.

생명의 시간을 알자. 그것이 지금을 진정으로 살아가는 것이다.

지금에 진심을 다해, 정성스레, 소중히 감사하고, 지금 할 수 있
다는 사실에 기쁨을 느끼며 살아가자. 그러면 무슨 일이든 주저
없이, 포기하지 않고, 도망치지 않고 당장 실천할 수 있을 것이다.

만약 내일이 인생의 마지막이라면 당신은 무엇을 할 것인가.

액션 플랜 34

지금 무슨 일이든 할 수 있다는 것에 감사해라.

즐겁게, 두근거리는 마음으로

마지막까지 읽어주셔서 감사합니다. 수없이 많은 책들 가운데 이 책을 만나 선택해주셔서 감사의 마음이 벅차오릅니다.

모든 만남이나 인연에는 의미가 있는 것 같아요.

어떻게 해서 지금 우리가 만나 이어질 수 있었을까요?

그건 아마도 서로 가진 무언가가 반응해서 맞울림을 했기 때문이 아닐까요.

이 책으로 말한다면 '바로바로 실천하기'나 '습관화'라는 주제에 당신이 반응했기 때문에 우리가 만날 수 있었던 것이지요.

그 말인즉슨, 이미 당신은 '바로바로 실천하기'나 '습관화'의 재능을 갖추고 있다는 뜻이기도 합니다.

왜냐하면 인간은 불가능한 일에 반응하지 않거든요. 관심조차 두지 않습니다.

습관화는 어렵지만 마음속에 '그건 해야지'라는 생각이 있어서 한번 집어본 겁니다. 이건 당신 안에 잠들어 있던 습관화 재능이 내디딘 첫걸음입니다.

그 재능이 있다는 걸 명심하고, 쭉쭉 뻗어 나가길 바랍니다.

제가 이 책에서 당신에게 꼭 전하고 싶었던 말.

그건 '이제 무리하지 않아도 돼'라는 말이에요.

지금까지는 '그건 하면 안 돼', '그건 의미가 없어'라고 생각했던 것들도 사실은 그렇지 않습니다. 우선 어떤 방법이든 해보는 게 중요해요

본편에서도 소개했지만, 일단 손만 대보자는 생각이 당신을 구해주기도 합니다. 찬란한 미래의 시작이 되기도 하지요.

'책은 한 줄만 읽기'라고 다소 극단적인 내용도 전했는데, '책은

마지막까지 열심히 읽는 것'이라는 상식보다는 '조금씩 읽어도 좋다', '즐기면서 읽어도 좋다'라는 마음을 소중히 여기고 싶었기 때문에 넣은 내용들이었어요.

이제 힘을 잔뜩 주고 이를 꽉 물고 악착같이 하던 시대는 끝났으니까요.

꼭 해야 한다며 스스로 몰아붙이면서 해봤자 부담만 커집니다.

얼마나 즐겁게, 두근거리는 마음으로 하는지가 중요하지요.

그러니 정확히 하거나 잘하거나 멋있게 하기보다는 '즐겁게 할 수 있는 방법'을 찾아가야 합니다.

지극히 평범한 제가 이렇게 출판하게 된 것도 즐기면서 습관을 이어 온 덕분이에요.

'출판'이라는 건 왠지 어려워 보여서 '내가 어떻게 그런 걸……'이라는 생각을 할지도 모르겠지만, 그래도 책을 내고 싶다는 마음이 간절하면 기회는 찾아옵니다.

중요한 것은 그 기회를 잡을 마음이 있느냐에 달렸지요.

저는 '일본 비즈니스서 신인상'이라는 기획에 응모했고, '특별상'을 받은 덕분에 이 책을 출판하게 됐습니다.

그 기획도 SNS(Clubhouse)에 매일 음성을 올리던 제 습관이 계기를 만들어줬어요. 꾸준히 음성을 올리는 습관 덕분에 많은 분이 절 알아주셨고, 이런 기획이 있다는 것도 말씀해주셨어요.

악착같이 올리던 게 아니라 즐겁게 습관을 이어 나간 덕분에 생긴 일이지요.

당신도 악착같이 노력하는 게 아니라 즐기면서 미래의 자신을 믿으세요.

괜찮습니다. 당신은 멋집니다. 반드시 찬란한 미래가 기다리고 있습니다.

마지막으로 제가 출판을 하도록 계기를 만들어주신 분들에게 감사의 마음을 전하고 싶습니다.

먼저 '일본 비즈니스서 신인상'에 응모할 계기를 주신 분은 다케다 소운 씨였습니다. 소운 씨와는 Clubhouse에서 알게 되어 친해졌는데, 제가 도쿄로 이사를 했을 때는 항상 챙겨주셨습니다.

제가 '일본 비즈니스서 신인상'에 기획서를 보낼지 말지 고민했을 때도 우연이 연락이 와서 '다쿠야 씨, 무조건 해!'라며 등을 밀어줬어요.

소운 씨가 힘을 주지 않았더라면 이 책은 분명히 없었을 겁니다.

그리고 '출판의 길로 나가고 싶다!'라는 생각을 간절하게 만들어준 대선배 세 분이 계십니다.

첫 번째는 세계적인 베스트셀러 작가 혼다 켄 씨입니다. 그야말로 출판업계의 레전드 같은 존재인 켄 씨와 만나면서 출판에 대한 의식이 뚜렷하게 높아졌습니다.

켄 씨의 연수 센터를 찾아갔을 때, 같이 인터뷰를 했던 게 결정타였습니다. 그때 작가가 되고 싶다는 자각이 강하게 생겼거든요.

두 번째는 강연가인 오시마 게이스케 씨입니다. 지금 정말 감사하게도 오시마 게이스케 씨와 같이 강연하면서 일본 방방곡곡을 다니고 있습니다.

강연회가 끝나면 게이스케 씨의 사인회가 열리는데, 항상 그 모습을 보면서 '언젠가 나도 저쪽에 서고 싶다'라는 생각을 하게 됐어요.

책 판매를 돕던 중에 게이스케 씨가 사인한 책을 받은 독자분이

뛸 듯이 기뻐하는 모습을 보고 책이 주는 영향이 얼마나 대단한지 알게 되면서 출판에 대한 의욕이 점점 더 높아졌습니다.

그리고 세 번째는 이번 '일본 비즈니스서 신인상'의 총괄 프로듀서인 나가마쓰 시게히사 씨입니다.

제가 새 인생을 열게 된 계기를 주신 분이 나가마쓰 시게히사 씨였습니다.

그 당시 오사카에 살고 있던 저를 '다쿠야, 도쿄로 와!'라며 불러 주셨고, 그 일을 계기로 저는 도쿄에서 살기로 마음먹었습니다. 도쿄에 살면서 만나는 사람들도 일의 질도 바뀌었고, 인생의 무대가 확실히 올라갔습니다.

'다쿠야도 언젠가 책을 써. 나는 출판업계에 활력을 불어넣을 테니까.'

나가마쓰 씨의 이 말을 듣고, 저는 출판에 대한 각오를 다졌습니다.

그 밖에도 많은 분들 덕분에 지금의 제가 있는데, 특히 출판에 대한 계기를 주신 몇 분에게 감사의 마음을 담아 이름을 말씀 드리겠습니다.

이번에 '일본 비즈니스서 신인상'에서 인연을 맺게 된 스바루샤의 우에즈 야스나리 씨, 하라구치 다이스케 씨, 편집을 담당해 주신 편집장 고데라 유키 씨. 고데라 씨는 몇 번이나 마주하며 가끔은 따끔하게 쓴소리도 해주셨습니다. 그 덕분에 무사히 이 책을 완성하게 되었습니다. 정말 감사합니다.

지금까지 저를 응원해주시고 이번 출판을 하면서 흥을 띄워 주신 'ALL HERO'의 동료들을 비롯하여 그 밖에도 많은 커뮤니티 친구들에게 감사의 마음이 벅차오릅니다. 친구들의 존재가 있었기에 여기까지 올 수 있었습니다.

커뮤니티 친구들. 항상 감사합니다.

그리고 마지막으로 저를 지지해주시고, 출판이 결정됐다는 사실을 자기 일처럼 기뻐해주셨던 어머니와 아내에게 감사의 말씀 드립니다.

어머니, 구제 불능이었던 아들이 책을 내게 되었습니다. 홀로 저를 키워주셔서 감사합니다. 주변 사람들에 대한 감사를 잊지 않고 앞으로도 세상에 이바지할 수 있는 사람이 되겠습니다.

그리고 세상에서 제일 사랑하는 아내 세리코에게. 시작부터 줄곧 믿고 따라와줘서 고마워요. 항상 나를 지탱해주고 응원해줬는데, 그게 무엇보다 힘이 됐어요. 이번 출판이 결정됐을 때도 꼭 베스트셀러로 만들 거라며 듬직한 말도 해주고 출판 기념회까지 열어줘서 정말 고마워요. 감사를 해도 해도 모자라요.

많은 분들 덕분에 지금의 제가 있고, 이 책이 나왔습니다. 같이 해주신 모든 분에게 감사의 말씀 올립니다. 정말 감사합니다.

이 책을 선택해주신 여러분들도 언젠가 또다시 만날 날을 진심으로 기대하겠습니다. 그때는 부디 가볍게 말을 걸어주세요.

미즈에 다쿠야

지금 바로 하는 습관

1판 1쇄 찍음 2024년 1월 15일
1판 1쇄 펴냄 2024년 1월 22일

지은이   미즈에 다쿠야
옮긴이   김소영
펴낸이   조윤규
편집   민기범
디자인   홍민지

펴낸곳   (주)프롬북스
등록   제313-2007-000021호
주소   (07788) 서울특별시 강서구 마곡중앙로 161-17 보타닉파크타워1 612호
전화   영업부 02-3661-7283 / 기획편집부 02-3661-7284 | 팩스 02-3661-7285
이메일   frombooks7@naver.com

ISBN   979-11-881674-86-9 (03190)